CHEMIN DE FER SOUS-MARIN

ENTRE LA FRANCE ET L'ANGLETERRE

RAPPORTS

SUR LES

SONDAGES EXÉCUTÉS DANS LE PAS DE CALAIS

EN 1875

PARIS

IMPRIMERIE CENTRALE DES CHEMINS DE FER

A. CHAIX ET Cie

RUE BERGÈRE, 20, PRÈS DU BOULEVARD MONTMARTRE

1875

V

CHEMIN DE FER SOUS-MARIN

ENTRE LA FRANCE ET L'ANGLETERRE

RAPPORT

DE M. LAVALLEY

Membre délégué du Comité de direction.

La loi qui a concédé à notre Association le Chemin de fer sous-marin entre la France et l'Angleterre a été votée le 2 août 1875. Elle a reçu la signature du Président de la République le 5 du même mois.

Notre premier soin devait être de déterminer les études à faire, de dresser le programme qui, aux termes de la Convention passée avec M. le Ministre des travaux publics, doit être accepté par lui. Pour établir ce programme, des études sur place pouvaient être nécessaires; peut-être aussi quelques sondages en mer qui exigent la belle saison. Il était donc intéressant de ne pas perdre les mois d'été.

Le vote de la loi était facile à prévoir. Le Comité de direction prit ses mesures pour pouvoir commencer aussitôt qu'il serait rendu et profiter ainsi de la campagne courante.

Le premier et le principal objet de nos études est la recherche la plus complète possible de l'allure des couches dans lesquelles on proposait de creuser le tunnel. Nous devions donc nous assurer le concours de géologues.

A cet effet, sur la proposition de M. A. Lavalley, membre délégué, le Comité institua une commission géologique qu'il chargea de préparer le programme des premiers travaux.

Cette Commission, présidée par M. Lavalley, fut composée : de M. Delesse, ingénieur en chef des mines, bien connu par ses nombreux travaux de géologie et notamment par son ouvrage sur la lithologie du fond des mers; de MM. Potier et de Lapparent, ingénieurs des mines, attachés au service de la carte géologique de France. M. Potier, qui avait été chargé plus spécialement de la partie de cette carte qui comprend le Pas-de-Calais, avait ainsi eu l'occasion de faire une étude particulière des terrains de la région que doit traverser le tunnel. M. de Lapparent a fait partie de la première commission qui examina, en 1869, le projet présenté alors au Gouvernement français par sir John Hawkshaw et ses amis, et depuis lors, de toutes les commissions qui ont eu à s'occuper du chemin de fer sous-marin.

A cette commission fut adjoint un ingénieur hydrographe, dont le concours était indispensable dans la prévision de sondages en mer. Le choix du Comité se porta sur M. Larousse, ingénieur hydrographe de la Marine, qui comptait parmi ses nombreux travaux les études du golfe de Suez, de la baie de Péluse, la détermination du point de la côte le plus favorable pour le débouché du canal de Suez où, depuis, fut construit Port-Saïd.

Le point de départ de nos études est nécessairement celui où se sont arrêtés les travaux de sir John Hawkshaw et les recherches des géologues.

La Commission géologique, dont chacun des membres connaissait déjà toutes les études faites sur le sujet, rédigea, dès ses premières séances, une note dans laquelle, se trouvant en accord de vues avec la Commission des communications entre la France et l'Angleterre, elle recommandait comme le premier et le plus essentiel élément d'informations, la recherche, sur le fond du détroit et d'une rive à l'autre, de la ligne séparant au sud les terrains crayeux de ceux sur lesquels ils reposent.

Cette ligne, en France, fait la limite nord du Bas-Boulonnais; elle disparaît sous la mer à Wissant pour reparaître, à peine déviée de sa direction, un peu au nord de Folkestone. De là elle continue de courir vers l'est un peu nord, limitant en Angleterre le pays des Wealds, comme elle limitait en France le Bas-Boulonnais.

C'est à quelques kilomètres, et presque parallèlement à cette direction, Wissant-Folkestone, qu'on propose de creuser le tunnel.

Les géologues nous disent : Si les terrains crayeux ont été bouleversés dans le voisinage de leur limite, cette limite présentera nécessairement des irrégularités; si, au contraire, cette ligne est régulière et continue, c'est que les terrains n'ont pas été tourmentés, et le tunnel ira d'une rive à l'autre, sans rencontrer de changement brusque, de cassure.

Avant d'inscrire dans le programme de nos travaux la recherche de cette ligne d'affleurement, nous devions nous assurer que cette recherche avait des chances suffisantes de réussite.

Un semblable travail n'avait jamais été fait. Si les hydrographes de tous les pays ont cherché à reconnaître, pour la signaler sur leurs cartes, la nature du fond aux approches de terre, ce n'était qu'au point de vue spécial de la tenue des ancres. Leurs outils de sondage n'étaient pas disposés pour rapporter des échantillons suffisant aux géologues. Les sondages à grandes profondeurs, récemment entrepris par le Gouvernement anglais dans un but purement scientifique, ne vont chercher au fond de la mer que les traces de la vie animale ou végétale; ils ne tendent qu'à ramener un peu des dépôts du fond.

Sir John Hawkshaw, seul peut-être, avait réussi dans le détroit du Pas de Calais, à rapporter des échantillons capables de renseigner sur la nature des terrains qui constituent le véritable fond. Mais, sur beaucoup de points, du gravier, des galets avaient dérobé à la sonde le terrain à explorer.

Le Comité décida de faire des essais dans le but de rechercher si, sur l'emplacement présumé de la ligne cherchée, les dépôts formaient des bancs assez peu nombreux, assez peu étendus pour ne pas cacher à nos recherches des accidents de quelque importance, et aussi de s'assurer que les points des deux côtes, nettement visibles de loin, offraient à l'ingénieur hydrographe des repères suffisamment nets, suffisamment bien placés pour qu'il pût, avec une exactitude complète, indiquer sur la carte le point où chaque coup de sonde serait donné.

Sir John Hawkshaw nous avait envoyé un des outils qui lui avaient servi. Il se composait tout simplement d'un assez long plomb de sonde portant à la partie inférieure un tube en fer à bord en biseau et aciéré, d'environ $0^m,15$ de long et de $0^m,020$ à $0^m,022$ de diamètre intérieur.

Les recherches que nous fîmes d'un outil simple, peu sujet aux avaries, d'une manœuvre facile et rapide et pouvant pénétrer plus profondément, furent inutiles.

Une sonde fut donc construite semblable à ce modèle, mais d'un poids un peu plus fort et pouvant recevoir des tubes de longueur et de diamètre différents.

Le 28 juillet, MM. Fernand Duval, Larousse, Potier, de Lapparent et Lavalley sortirent de Boulogne sur un petit bateau à vapeur faisant habituellement le remorquage en ce port, et que les propriétaires mirent à la disposition du Comité. Dans cette journée on donna cent coups de sonde.

Si tous les coups ne ramenèrent pas des échantillons utiles, la Commission put, du moins, constater que partout où il n'y aurait pas trop de sable au fond, la sonde essayée donnerait des indications suffisantes. Les opérations de l'ingénieur hydrographe eurent l'exactitude absolue qu'il avait annoncée.

Ce ne furent pas les seuls résultats heureux de cette journée.

Un point situé près de la côte française était inquiétant. La ligne limite des terrains crayeux, dans la partie du rivage qui, devant Wissant, découvre à marée basse, se déviant de sa direction générale, court vers le nord. Le point où elle reprend sa direction vers l'ouest, pour sortir de la mer auprès de Folkestone, disparaît sous l'eau.

En ce point le changement de direction est-il brusque comme celui qui dénoncerait une faille, ou se fait-il par une courbe plus ou moins adoucie annonçant un plissement?

Quelques échantillons obtenus le 28 juillet donnèrent l'espoir, depuis changé en certitude, qu'il n'y a pas de faille près de la côte française.

Après ce premier essai, quelques jours furent employés à compléter les installations. L'Assemblée nationale ayant alors adopté le projet de loi, les travaux de sondages furent repris.

Les opérations étaient ainsi conduites : M. Larousse dirigeait le bateau ; chaque jour il l'amenait au point où devaient commencer les sondages ; il le conduisait suivant les lignes convenues, rectifiant sans cesse la route que contrariaient les rapides courants du détroit. A intervalles variant de cinq à dix minutes, il déterminait le point exact où l'on se trouvait et le marquait sur la carte. Cette détermination se faisait au moyen de trois observations de points remarquables des côtes.

Pendant ce temps, M. Potier ou M. de Lapparent, et quelquefois ces deux ingénieurs ensemble, faisaient ou surveillaient l'enregistrement des profondeurs observées et du moment précis de chaque coup de sonde. Ils examinaient les échantillons et les faisaient mettre dans des fioles préparées à cet effet. Ces échantillons ne furent définitivement classés qu'après leur transport à Paris et à la suite d'un minutieux examen.

Lorsque la mer était trop agitée pour qu'on pût sonder ou que la brume cachait les côtes, MM. Potier et de Lapparent se livraient à une étude minutieuse des falaises des deux pays et des points voisins des côtes qui pouvaient ajouter à leur connaissance des terrains, et recueillaient des échantillons. Ils constatèrent une fois de plus la parfaite identité de toutes les couches qui, dans l'un ou l'autre pays, composent le massif crayeux.

On prit tous les soins nécessaires pour la parfaite conservation des échantillons, pour qu'aucune erreur ne se glissât dans leur numérotage et dans celui des coups de sonde. Les travaux hydrographiques, les cartes, les calculs de correction des profondeurs sondées furent établis avec une précision qui peut paraître exagérée, mais on a tenu à éviter toute cause volontaire d'incertitude, si minime qu'elle fût.

Le bateau sortit toutes les fois que le temps et l'état de la mer le permirent, et les opérations ne furent arrêtées que vers la fin de septembre, quand l'équinoxe ramena les vents d'ouest.

A ce moment, la ligne d'affleurement avait été coupée de nombreuses lignes de sondage, depuis la côte française jusqu'à la limite des eaux anglaises, c'est-à-dire sur environ 28 kilomètres.

La sonde avait été jetée 1,522 fois. 753 échantillons ont été rapportés ; 335 purent être classés avec certitude, et nous apprennent quelle est, en autant de points, la nature du sol.

La ligne limite des terrains crayeux se trouve nécessairement entre les points où l'on a constaté de la craie et ceux où la sonde a ramené des grès ou de l'argile.

Les coups de sonde utiles sont assez nombreux, la ligne qu'ils déterminent assez régulière pour que votre Commission de géologie ait conclu des travaux de cette année que :

« 1° Dans les eaux françaises, le changement de direction que fai-
» sait prévoir l'allure des couches à terre est dû à un simple pli ou
» bombement, sans fracture des couches inférieures de la craie (gault et
» craie de Rouen); de plus, dans cette région tourmentée, le plongement
» moyen des couches n'excède pas 10 0/0.

» 2° Depuis les eaux françaises jusque vers les eaux anglaises, aucune
» faille produisant un rejet de quelque importance ne traverse la région
» explorée; par suite, aucune faille ayant la direction N.-N.-E. (c'est
» la direction des accidents secondaires des Wealds et du Boulonnais)
» ne viendra compromettre l'exécution du tunnel projeté dans la partie
» correspondant aux affleurements reconnus. »

Passant ensuite au programme des recherches à exécuter, la Commission recommande de faire :

« 1° Une série de sondages rapprochés, destinés à étudier les eaux
» anglaises avec la même précision que les eaux françaises, afin de
» décider si le rejet vers le nord, que paraît subir l'affleurement de la
» craie glauconieuse, est dû à un pli ou à une faille;

» 2° Des sondages dans les environs immédiats du tunnel, dans le
» but de rechercher, s'il est possible, l'affleurement de la base de la
» craie blanche ou supérieure proprement dite (Chalk with numerous
» flints, de Phillips);

» 3° Quelques lignes de sondages reliant ceux du tunnel à la région
» explorée, afin de recueillir les éléments de coupes parallèles à l'axe
» du détroit;

» 4° Quelques sondages dans les lacunes que présentent les lignes
» déjà exécutées;

» 5° Sur terre, dans les environs immédiats du village de Sangatte,
» un sondage qui devra être poussé au moins jusqu'à 10 mètres au-
» dessous du gault.

» Lorsque ces travaux seront terminés, » dit enfin le procès-verbal
de la dernière séance de la Commission géologique, « le fonçage d'un
» puits à une grande section et le percement d'une galerie d'essai
» pourront seuls jeter de nouvelles lumières sur la constitution géolo-
» gique du détroit. »

Nous croyons devoir appeler l'attention sur l'importance des résultats
acquis dans la courte campagne de cette année.

Sir John Hawkshaw avait fait sonder la région comprise entre la ligne
d'affleurement et le tracé du tunnel. Toutes les indications recueillies
rassuraient contre l'existence de grands massifs interrompant la continuité des bancs crayeux, et confirmaient l'opinion des géologues généralement contraire à l'hypothèse d'une fracture importante.

Mais, en dehors des grands accidents qu'on ne pouvait plus craindre, il importait de savoir si quelque dislocation des diverses couches crayeuses n'apporterait pas des difficultés sérieuses à l'exécution du tunnel, si la galerie cheminant dans la craie ne rencontrerait pas tout à coup les terrains inférieurs brusquement soulevés, ou bien, au contraire, les couches supérieures de la craie abaissées, et, dans l'un ou l'autre cas, des quantités d'eau considérables.

L'entreprise devait-elle donc se poursuivre jusqu'au bout sous la menace de telles éventualités ? n'y avait-il aucun moyen de s'assurer, avant de commencer, que les différentes assises de la craie visibles en France et en Angleterre se continuent d'une rive à l'autre, non-seulement sans fracture, mais même sans plissements importants ?

Des puits et des galeries conduites à une certaine distance à partir de l'une et l'autre rive, pourraient donner sans doute de précieux renseignements, sur l'imperméabilité et la solidité des étages inférieurs de la craie dans lesquels on espère cheminer. Mais, disait-on avec raison, ces courtes galeries n'apprendront rien sur la grande distance qu'elles n'auront pas encore traversée, et si les sondages de sir John Hawkshaw n'ont rencontré que de l'alluvion et de la craie dans le fond du détroit sur le tracé du tunnel, toutes les assises des terrains crayeux ne sont pas également favorables à l'exécution du souterrain.

Un seul moyen se présentait de connaître au moins très-approximativement la configuration des couches sur le tracé du tunnel : c'était, comme nous l'avons dit, de chercher, en multipliant les sondages, les lignes qui séparent les différentes assises de la craie les unes des autres ou leur ensemble des terrains sur lesquels il repose.

Parviendrait-on à retrouver ainsi ces lignes sous des profondeurs d'eau atteignant et dépassant même 50 mètres et malgré la présence de nombreux dépôts d'alluvion ? L'expérience a répondu affirmativement.

La méthode proposée d'investigation de l'allure des couches est applicable, et son application a donné, pour toute la partie explorée, (28 kilomètres sur un peu plus de 34, distance totale des deux rives) les renseignements les plus satisfaisants.

Les travaux de cette année permettent (sauf quelques lacunes qu'on n'a pas eu le temps de combler, mais qu'on comblera l'année prochaine) de tracer sur la carte, non-seulement la ligne de séparation de la craie et de l'argile du gault sur lequel elle repose, mais encore la ligne qui sépare deux des différentes assises de la craie.

L'inspection de ces lignes ne montre, sur la partie du tracé du tunnel correspondant aux 28 kilomètres explorés, aucun indice de rupture pouvant compromettre l'exécution du souterrain. Elles donnent une autre information précieuse. On connaît l'épaisseur des bancs que ces lignes comprennent. La distance qui les sépare, jointe à d'autres données recueillies à terre, fait alors connaître, avec une approximation que les travaux ultérieurs accroîtront, la profondeur à laquelle se trouvent, sur le tracé du tunnel, les bancs compris entre les deux lignes trouvées.

Les recherches de cette année ont donc fourni un grand nombre d'indications précises sur l'allure des bancs de craie sous le détroit, et ce qu'elles ont appris tend à justifier notre confiance en la réussite de l'entreprise. Mais surtout elles nous montrent que, malgré l'apparente difficulté du problème, nous avons le droit d'espérer, en continuant nos recherches, que nous arriverons à connaître d'une manière certaine et dans toute l'étendue du détroit, la configuration et la nature des terrains à traverser. Ce sera alors en connaissance de cause que l'Association prendra une décision définitive et qu'elle renoncera à l'entreprise, ou qu'elle l'abordera avec la certitude du succès. C'est au succès que jusqu'ici chaque étude nouvelle est venue donner plus de raison de croire.

IMPRIMERIE CENTRALE DES CHEMINS DE FER. — A. CHAIX ET Cⁱᵉ, RUE BERGÈRE, 20, A PARIS. — 18297-2.

CHEMIN DE FER SOUS-MARIN

ENTRE

LA FRANCE ET L'ANGLETERRE.

EXPLORATION DU DÉTROIT

PENDANT LES MOIS D'AOUT ET SEPTEMBRE 1875.

RAPPORT DE L'INGÉNIEUR HYDROGRAPHE.

A la fin du mois de juillet de cette année, nous avons été chargé d'explorer le Pas de Calais entre Folkestone et le cap Blanc-Nez, dans la zone où affleurent les terrains situés à la base de l'étage crétacé.

Cette exploration consistait à recueillir des échantillons du fond de la mer, à déterminer la position des points où ces échantillons étaient pris, ainsi que la profondeur en ces points, de manière à permettre à la Commission géologique de déterminer le tracé des lignes d'affleurement entre la côte française et la côte anglaise.

Les limites de la zone dans laquelle devaient s'étendre nos recherches nous avaient été indiquées tout d'abord, approximativement, par la Commission géologique ; les échantillons recueillis en cours de travail devaient compléter les indications ; les membres de la Commission ont d'ailleurs assisté à la majeure partie des opérations, et nous avons eu avec nous pendant tout le cours de la campagne, pour recueillir et classer les échantillons, le concours d'un agent, M. Morin, que sa connaissance spéciale des terrains du Boulonnais rendait particulièrement utile.

Nous n'avons à rendre compte, pour notre part, que des opérations hydrographiques nécessitées par ces recherches. Elles ont été conduites d'après les méthodes ordinaires des ingénieurs hydrographes, qui comprennent en général :

1° La détermination préalable des positions d'un certain nombre de points remarquables de la côte ;

2° Les sondages proprement dits et les observations d'après lesquelles la position des sondes est déterminée ;

3° Les observations de marée destinées à corriger les profondeurs trouvées, de l'influence des variations du niveau des eaux.

Nous rendrons compte successivement de la manière dont nous avons procédé pour chacune de ces opérations.

DÉTERMINATION DES POINTS REMARQUABLES DE LA CÔTE.

Tout travail hydrographique commence généralement par une triangulation destinée à fixer la position précise des points remarquables susceptibles d'être relevés à la mer. Sur nos côtes, où la triangulation a été faite à l'occasion des reconnaissances antérieures, plusieurs jours n'en sont pas moins nécessaires pour rétablir les anciens signaux, pour en déterminer de nouveaux et reconnaître la position de certains points.

Nous avons été tellement pressé par les circonstances, que nous n'avons pu consacrer aucune partie de notre temps à ce travail préliminaire. Heureusement nous avions à notre disposition les résultats de la triangulation exécutée, en 1835 et 1836, par les ingénieurs hydrographes et, dès la première excursion que nous avons faite dans le détroit avec les membres du Comité et la Commission géologique, nous avons pu reconnaître quelques points de cette triangulation qui ont permis de déterminer immédiatement la position des sondes.

Les points principaux dont nous nous sommes servis sont,

1° Sur la côte de France :

Le phare de Calais,

Le moulin Coquelle,

Le clocher de Sangatte,

Le signal des Noires-Mottes (désigné suffisamment par le Piton),

Le corps de garde de Blanc-Nez (dont il ne reste plus que des ruines et sur l'emplacement duquel nous avons fait construire un massif en terre, de 2 à 3 mètres de hauteur),

Le signal Mont-de-Couple (suffisamment indiqué par le petit mamelon qui forme le sommet de la montagne),

Le phare de Gris-Nez,

Le clocher d'Audinghen.

2° Sur la côte d'Angleterre :

Le feu ouest de South-Foreland,

La tour du château de Douvres,

Le clocher de Folkestone.

Nous nous sommes encore servi quelquefois d'une maison remarquable située sur la falaise entre le signal de Folkestone et le village de Hougham. Cette maison a été déterminée par des stations faites en mer, dont on a pu établir la position avec les autres signaux.

Nous avons dit que la triangulation dont nous nous étions servi pour connaître les positions des points indiqués plus haut avait été exécutée en 1835 par les ingénieurs hydrographes. Pour faciliter la reconnaissance des bancs du Varne et du Colbart, reconnaisssance qui fut faite dans cette campagne, M. l'ingénieur Bégat, chargé spécialement des opérations géodésiques, avait en effet rattaché les points de la côte anglaise à sa triangulation. Nous avons tout d'abord adopté les résultats de cet ingénieur, alors que le temps nous manquait pour les comparer à des travaux plus récents; mais de retour à Paris, nous avons pu faire cette comparaison et nous avons reconnu que les chiffres d'où nous étions parti, différaient à peine des résultats obtenus en 1862 à la suite des grands travaux géodésiques entrepris simultanément et séparément par deux groupes d'observateurs, l'un français, l'autre anglais.

Les officiers d'état-major, partant de la méridienne de Dunkerque et les ingénieurs de l'Ordnance Survey partant des bases anglaises ont en effet déterminé les éléments de six triangles qui relient les deux côtes, et la concordance des résultats auxquels ils sont arrivés est une garantie parfaite de l'exactitude des opérations.

La triangulation exécutée en 1836 n'a pas, à vrai dire, de côté commun avec le travail précédent; mais elle contient les éléments suffisants pour calculer la longueur de l'un des côtés, celui de Fairlight au signal Saint-Inglevert, signal Mont-de-Couple de M. Bégat. Cet ingénieur donne, en effet, pour coordonnées des deux points par rapport au signal de la Canche les chiffres suivants :

	Toises		Toises
Signal Fairlight X =	36815,0 Ouest.	Y =	17411,6 Nord.
Signal Mont-de-Couple X =	2366,3 Est.	Y =	16769,0 Nord.

D'où l'on conclut pour la distance du signal Fairlight au signal Mont-de-Couple (au Saint-Inglevert) 39186,6 (Toises) .... ou 76376ᵐ ₂ᶜ

En 1862, les officiers de l'état-major ont trouvé pour la longueur de ce côté :

1° En partant de la méridienne de Dunkerque........................... 76374ᵐ 55ᶜ

2° En partant de la triangulation anglaise................................. 76373ᵐ 92ᶜ

Les ingénieurs anglais, d'après leurs propres observations, avaient trouvé 76373ᵐ 85ᶜ

Ces dernières opérations vérifient donc d'une manière très-satisfaisante la triangulation à laquelle nous avons emprunté toutes les données nécessaires pour la rédaction de notre travail (1). Les positions géographiques diffèrent un peu, il est vrai, de celles qui ont été calculées en dernier lieu par les officiers d'état-major (2). Cela tient à de légères divergences dans la latitude du point de départ et l'orientation des côtés ainsi que dans les chiffres adoptés, de part et d'autre, pour l'aplatissement et le rayon de la terre. Ces divergences n'influent en rien sur la position relative des points entre eux, ce qui était pour nous la question essentielle. Nous dirons seulement que les latitudes de notre carte sont supérieures de 4″ à celles de l'état-major; les longitudes sont également plus fortes de 2″ en moyenne.

---

(1) Exposé des opérations géodésiques exécutées sur les côtes septentrionales de France.
(2) Mémorial du dépôt de la guerre, supplément au tome IX.

SONDAGES. — OPÉRATIONS A LA MER.

Les opérations à la mer ont été exécutées à bord d'un petit bateau à vapeur du port de Boulogne, *le Pearl*, ayant 26 mètres de long et 30 à 40 chevaux de force. Ce bateau, qui fait habituellement le service de remorqueur pour l'entrée et la sortie du port, avait été mis à notre disposition pour tout le temps des opérations.

Nous avons pu y faire installer une petite passerelle sur laquelle se faisaient les opérations. Près de la passerelle était placée une table destinée à recevoir les cartes-minutes, quand le temps le permettait. On pouvait alors porter sur les cartes les positions des sondes au fur et à mesure des opérations et se rendre compte immédiatement du travail exécuté.

Les sondes étaient faites généralement à des intervalles égaux.

Chaque observation comportait trois opérations distinctes : la détermination de la position du bâtiment, la mesure de la profondeur, et le retrait des échantillons rapportés par le plomb.

Détermination de la position. La position du bâtiment se détermine par l'observation de plusieurs angles pris, aussi rapidement que possible, avec le cercle à réflexion, entre les points remarquables de la côte ; une même observation comprend généralement trois angles.

La précision des observations dépend d'ailleurs des conditions dans lesquelles se font les opérations. Par un beau temps, quand les points se voyaient nettement, lorsque le bateau était presque étale, les angles pouvaient être pris assez facilement à deux ou trois minutes près, et donner la position du bateau avec une approximation de 8 ou 10 mètres.

Les opérations ne se sont pas toujours faites dans ces conditions, pressé comme nous l'étions par l'approche du mauvais temps et devant profiter de toutes les journées pendant lesquelles il était, à la rigueur, possible de travailler.

Toutefois, on doit considérer qu'à l'échelle de la carte de construction, où un millimètre représente 50 mètres, les erreurs sur la position des sondes ne sont pas sensibles.

Les sondes se faisant généralement, comme nous l'avons dit, à des intervalles de temps égaux, on s'est quelquefois borné, lorsque le bâtiment suivait une ligne sensiblement droite, à observer la position, de deux en deux ou de trois en trois sondes ; les sondes intermédiaires se plaçaient alors en divisant en parties égales, l'intervalle entre les positions observées.

Les sondes étaient faites avec un plomb spécial attaché à l'extrémité d'une ligne de chanvre de première qualité, façon aussière, de 0^m,018 environ de circonférence. La ligne était divisée de mètre en mètre ; elle était mouillée et tendue chaque jour en sortant du port, et on la mesurait avant et après les opérations, de manière à connaître les erreurs de longueur et les variations dans la même journée. Les plombs dont nous nous sommes servi ont été construits par les soins et d'après les indications de M. Lavalley ; la forme est à peu près celle du plomb employé par les opérateurs anglais ; seulement le poids du plomb, qui n'était que de 25 kilog., a été porté à environ 50 kilog.

La figure n° 1 indique la disposition de l'appareil.

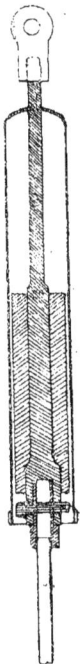

A la partie inférieure, le plomb se termine par un tube creux dont le rebord aciéré est taillé en biseau de manière à pouvoir pénétrer dans le sol et à rapporter un échantillon du fond : le tube est vissé sur une douille fixée au plomb par une simple clavette ; nous avions à notre disposition des tubes de plusieurs diamètres depuis 0^m,018 jusqu'à 0^m,030, et de plusieurs longueurs depuis 0^m,10 jusqu'à 0^m,25 ; les plus longs étaient employés dans les terrains d'alluvions, les plus courts servaient plus particulièrement dans les terrains durs. Ces tubes étaient percés à la partie supérieure de trous destinés à laisser échapper l'eau qui s'était introduite pendant la chute et qui se serait sans cela trouvée emprisonnée entre le terrain et la douille. Afin de faciliter le dégagement de cette eau, on avait même pratiqué sur quelques-uns des tubes, des fentes allongées occupant la plus grande partie de la hauteur. Ces tubes avaient l'inconvénient de se courber facilement sur les terrains durs.

L'absence d'échantillons dans certains moments avait paru tenir au délavement des tubes par les courants ou par l'agitation des eaux, particulièrement lorsqu'il s'agissait de tubes à fente. Cette idée conduisit à se servir d'un plomb entouré d'une gaîne comme l'indique le croquis n° 2. La gaîne pouvait glisser dans la tige supérieure du plomb, jusqu'à l'anneau auquel était fixée la ligne de sonde. Quand le plomb tombait, la résistance de l'eau suffisait pour relever

Manœuvre de la sonde et soin des échantillons.

Fig. n° 1.

la gaîne; elle remontait alors jusqu'à l'anneau et n'apportait aucun obstacle à la pénétration du tube inférieur dans le sol; quand au contraire on relevait le plomb, la gaîne retombait et venait protéger le tube contre l'agitation des eaux.

Cet appareil étant plus lourd à manœuvrer que le plomb simple et mettant un peu plus de temps à descendre, on ne s'en servait guère qu'avec les tubes à fentes, pour lesquels il était surtout utile.

Du reste, nous devons dire que les divers appareils ne paraissent pas donner des résultats très-différents en ce qui concerne la fréquence des échantillons rapportés; la facilité avec laquelle nous obtenions des échantillons dépendait surtout des terrains auxquels on s'attaquait. A part cette considération, tous les systèmes ont donné généralement des résultats satisfaisants; cependant on se servait de préférence des tubes de 20 à 22 millimètres de diamètre sur 15 à 20 centimètres de hauteur.

Outre les plombs à tubes que nous venons de décrire, nous disposions d'une lance (fig. n° 3) comme celles que les hydrographes emploient pour rechercher les roches au-dessous des couches superficielles de vases et de sables; mais cet instrument ne pouvait donner que des renseignements incomplets sur la nature des terrains et nous nous en sommes rarement servi.

Après ces explications, on se rendra facilement compte de la manière dont s'effectuait le travail à la mer.

Lorsqu'on devait sonder, on stoppait le bateau, on attendait quelques instants pour amortir la vitesse et on mouillait le plomb ; à ce moment, on notait l'heure et on déterminait la position du bâtiment. Le plomb mettait de 5 à 10 secondes pour descendre ; on reconnaissait la profondeur d'après les divisions de la ligne et une équipe de 10 hommes relevait ensuite la sonde en la halant à la main et en marchant sur le pont. Cette opération durait une minute et demie ou deux minutes ; généralement on restait stoppé jusqu'à l'arrivée du plomb, de crainte que les échantillons ne fussent trop facilement détachés par la vitesse du bateau et le remous des roues.

Le plomb arrivé à bord, on remettait en route pendant une minute et demi ou deux minutes ; ce temps était employé à retirer le tube lorsqu'il rapportait un échantillon et à le remplacer par un autre.

L'opération était plus longue lorsque le tube avait été cassé sur les terrains durs. Il était d'ailleurs indispensable de laisser reposer un peu l'équipage ; pour toutes ces considérations, l'intervalle entre chaque coup

Fig. n° 3

de sonde ne pouvait guère être inférieur à 4 minutes, excepté pour les petites profondeurs.

L'écartement des sondes est résulté de ces conditions ; on pouvait bien en morte eau et au moment des étales, régler la vitesse du navire de manière à espacer les sondes à volonté, mais dans les vives eaux, pendant les grandes marées, le courant au milieu du détroit atteint près de 4 nœuds et le temps d'étale est très-court ; dans ces cas, on était difficilement maître de régler l'écartement des coups de sonde.

Lorsqu'on se laissait dériver au courant sans faire marcher la machine, l'intervalle obligé de 3 à 4 minutes entre chaque sonde, suffisait pour que l'espacement fût dans certains cas de 400 à 500 mètres, surtout quand la brise agissait sur le bateau dans le sens du courant.

Lorsqu'on voulait, au contraire, sonder en marchant contre le courant, il fallait, après avoir stoppé, attendre pour mouiller le plomb, que le bateau eût perdu sa vitesse et même fût entraîné en arrière ; la disposition du bâtiment ne permettait pas en effet de lancer le plomb un peu à l'avant, alors que la vitesse n'était pas encore amortie. Le chemin perdu pendant l'arrêt, étant considérable, il fallait mettre le bateau à toute vitesse et courir deux à trois minutes, rien que pour regagner la position ; il devenait alors très-difficile de régler les arrêts, on courait trop ou trop peu ; et comme on perdait ainsi un temps précieux, on préférait généralement courir sans interruption pour aller reprendre la tête de la ligne et se laisser dériver au courant malgré l'écartement des observations.

Pour rapprocher davantage les sondes, pendant les marées de vive eau, il eût donc fallu pouvoir sonder à des intervalles de temps plus rapprochés. On aurait pu, il est vrai, avoir une seconde ligne ou un second plomb préparé à l'avance et l'envoyer au moment où le premier arrivait à bord ; mais il eût fallu pour haler les lignes une seconde équipe d'hommes, une seule étant incapable de faire le travail sans interruption, ou encore, faire faire ce travail par un treuil à vapeur. Or, le bateau dont nous disposions n'avait nullement l'espace nécessaire pour les manœuvres d'une double équipe ni pour l'installation d'un treuil.

En résumé, le nombre de sondes que nous pouvions faire par heure variait de douze à quinze, selon les profondeurs et les circonstances ; une bonne journée de travail ne comprenait guère, dans les profondeurs moyennes, avec le temps nécessaire pour l'aller et le retour et pour le dîner de l'équipage, que 6 à 7 heures effectives de sondes ; on pouvait exécuter alors 70 à 80 sondes. Dans les circonstances exceptionnelles, nous avons pu aller jusqu'à 100 sondes.

OBSERVATIONS DE MARÉE.
CORRECTIONS APPORTÉES AUX PROFONDEURS POUR LES RAPPORTER A UN PLAN HORIZONTAL.

Pour pouvoir tenir compte de la hauteur de la marée au moment des observations, on notait l'heure à laquelle était faite chacune des sondes ; d'autre part, le niveau de la mer était observé de quart d'heure en quart d'heure pendant le temps des opérations, à Boulogne et à Calais, et pendant quelques jours à Douvres. Les montres des observateurs en France et celles du bord étaient réglées sur l'heure du chemin de fer ; à Douvres, on se réglait sur le temps moyen de Greenwich, que l'on ramenait ensuite à l'heure française.

Voici comment ont été utilisées ces observations :

Sur les cartes marines, les sondes de chaque endroit sont rapportées au niveau des plus basses mers ; mais ce niveau varie généralement et tout particulièrement dans la Manche, d'un point à un autre, de sorte que sur une carte un peu étendue, les sondes sont rapportées à une surface courbe qui est le lieu des plus basses mers. Les profondeurs réelles à un moment quelconque de la marée sont ainsi toujours supérieures, ou tout au moins égales à celles qui sont indiquées sur les cartes ; c'est un avantage pour le marin, mais dans le cas actuel, cette considération n'a pas le même intérêt. Il importe surtout que les profondeurs soient rapportées dans toute la largeur du détroit à un même plan horizontal repéré aux nivellements faits de chaque côté.

Pour rester d'accord, autant que possible avec les habitudes hydrographiques, nous avons adopté comme plan de comparaison le plan des plus basses mers à Calais qui est le port de la côte de France le plus rapproché des opérations.

Ceci fixé, il a fallu déterminer quelle était, sur l'emplacement des différentes sondes, la hauteur de l'eau au-dessus de ce plan de comparaison au moment de l'observation.

Voici d'après quelles considérations nous avons résolu cette question.

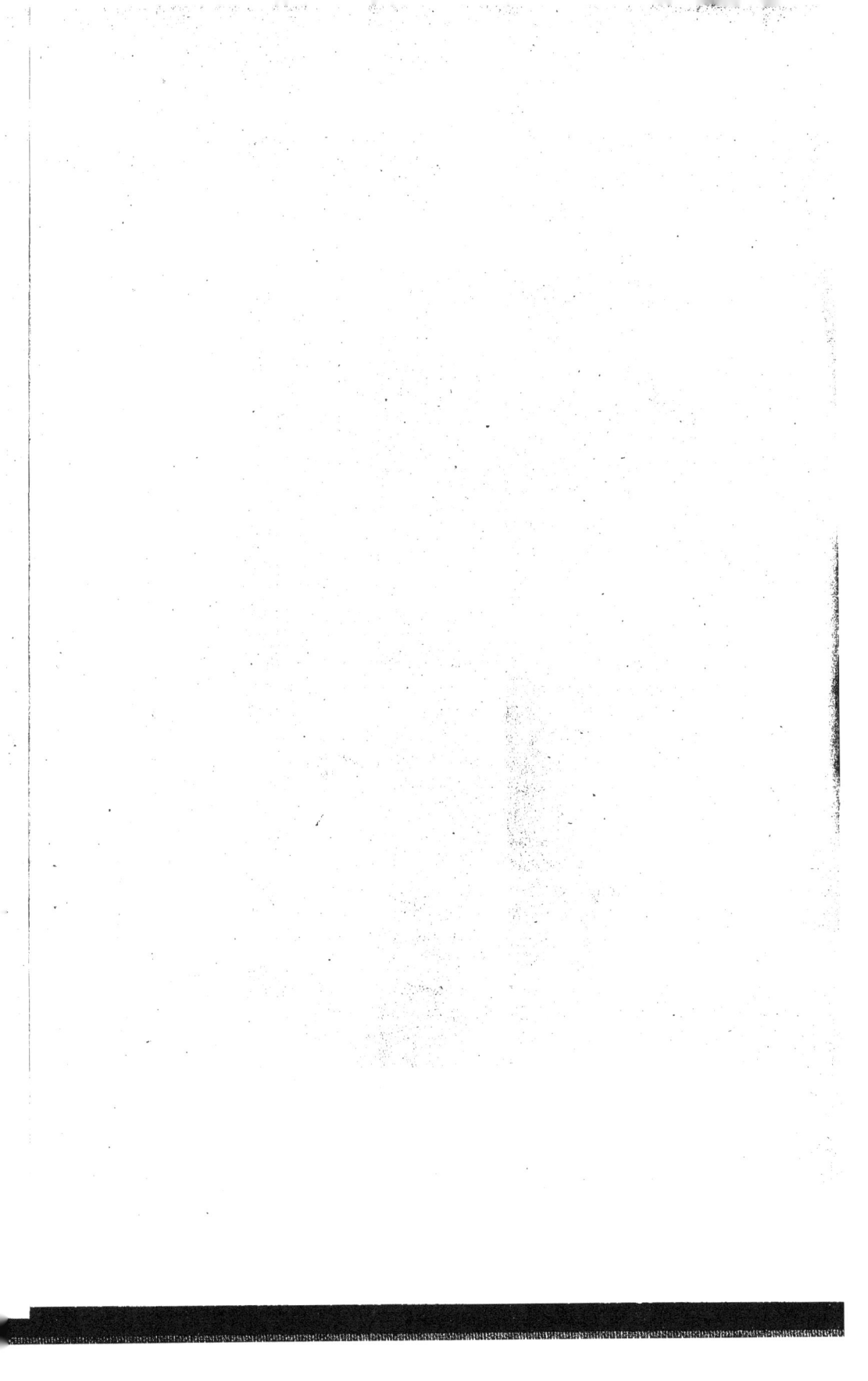

EXTRAIT DE LA CARTE DU DÉPÔT DE LA MARINE N? 888

Les heures d'établissement ont été légèrement modifiées
d'après les indications de l'annuaire des Marées et des Tide Tables de l'Amirauté

Orford-Ness
XI 16'

XII 4'

XI 2.0'

XI 30'

XII   XI 50'   XI 40'

T a m i s e

N. Foreland
XII 8'

Ramsgate
XI 35 XI 26'

A N G L E T E R R E

XI 30'   XII

XII 10'

S. Foreland
XI 10 II 2'
Downes
XI 20 II 8'

XI 30'

E. Dungeness
XI 2'

XII 30'

Dunkerque
II 2' 7 XII 13'

Gravelines

Calais
II 3' 2 XII 9'

XII 20'

III 52'
Dungeness

Gris-Nez
II 5' 8 XI 8'

XI 30'

Boulogne
II 6' 8 XI 26'

F R A N C E

XI

Cayeux
II 9' 5 XI 12'

Dieppe
II 8' 7 XI 8'

Le nivellement général exécuté en France (nivellement Bourdaloue) donne pour les cotes du mouvement des eaux dans les trois ports de Boulogne, Calais et Dunkerque les chiffres suivants :

	BOULOGNE.	CALAIS.	DUNKERQUE.
Mer moyenne.	+ 0.84	+ 0.75	+ 0.78
Basses mers moyennes de vive eau	— 3.00	— 2.45	— 1.99
Plus basses mers. Zéro des cartes marines . .	— 4.14	— 3.17	— 2.42

Ces chiffres montrent bien que les plus basses mers auxquelles sont rapportées les sondes en chaque lieu sont loin d'être sur un même plan horizontal, mais ils montrent aussi que, dans le détroit, entre Boulogne et Dunkerque, le niveau moyen des eaux est sensiblement le même. En prenant la moyenne des trois chiffres, nous avons admis que le plan, à la cote de $0^m,79$, était également le plan de la mer moyenne à Douvres, ainsi que dans la partie du Pas de Calais qui nous occupe.

Cela donné, nous avons pris pour plan de comparaison le plan des plus basses mers à Calais, situé à $3^m,98$ au-dessous du niveau moyen.

Pour rechercher comment varie, dans les différentes parties du détroit, la hauteur de la marée par rapport à ce plan, on doit d'abord constater quelles sont les variations qu'elle éprouve sur les deux côtes dans les points où il a été fait des observations.

La petite carte ci-jointe indique, en chiffres romains, l'heure de l'établissement de différents ports, c'est-à-dire l'heure à laquelle la haute mer a lieu sensiblement, dans ces ports, les jours de syzygies. On peut encore dire que c'est l'heure à laquelle l'onde marée atteint dans ces ports son maximum d'amplitude.

En allant de l'ouest à l'est sur la côte française et sur la côte anglaise (au moins de Dungeness à l'embouchure de la Tamise), on voit que cette heure va en augmentant et que l'onde marée, par conséquent, se propage de l'ouest à l'est.

En considérant les points de la côte française et ceux de la côte anglaise qui ont le même établissement, on peut ainsi imaginer des lignes qui indiquent la marche de l'onde marée et qui passent par les points où la pleine mer se fait sentir à la même heure ; ces lignes sont appelées courbes cotidales.

Nous avons tracé approximativement sur la carte les lignes sur lesquelles la pleine mer a lieu, les jours de syzygies, à $XI^h,00$, $XI^h,40$, $XI^h,20$, $XI^h,30$, $XI^h,40$. La première de ces lignes passe un peu à l'ouest de Folkestone et de Dieppe ; la dernière part des environs de

Blanc-Nez, sur la côte de France, pour aboutir entre Ramsgate et North-Foreland, sur la côte d'Angleterre.

En allant plus à l'est sur la côte française, les heures des établissements continuent à retarder, et les courbes cotidales se suivent régulièrement ; mais sur la côte anglaise, au delà de la Tamise, les heures vont au contraire en diminuant à mesure que l'on remonte vers le nord. Nous n'avons pas à entrer ici dans la discussion de ce phénomène, qui tient à ce que les mouvements des eaux dans le détroit sont dûs à la rencontre de deux ondes, dont l'une vient directement de l'Océan en traversant la Manche, tandis que l'autre arrive par la mer du Nord après avoir contourné la pointe nord de l'Angleterre.

En ne considérant que la partie qui nous intéresse et en supposant que la propagation de la marée se fasse régulièrement, nous pouvons, d'après ce qui précède, tracer approximativement les lignes sur lesquelles la haute mer a lieu 10, 20, 30, 40 minutes avant ou après Calais, avant ou après Boulogne ou tout autre port.

L'heure de la haute mer en chaque point du détroit étant ainsi connue, il reste à déterminer en ce point l'amplitude de la marée ; pour cela, nous avons indiqué sur la carte les unités de hauteur des ports de la Manche.

La hauteur de la marée au-dessus du niveau moyen pour chaque jour de l'année, est sensiblement proportionnelle en chaque endroit à cette unité de hauteur. Or, en allant toujours de l'ouest à l'est (à partir de Cayeux sur la côte de France, et de Dungeness sur la côte d'Angleterre), on voit que les unités de hauteur vont en diminuant sur chaque côte ; on voit également que pour une même courbe cotidale, elles sont plus faibles sur la côte anglaise que sur la côte française. En admettant que cette décroissance se fasse progressivement et sans points d'inflexion, on peut donc, en partant de la côte anglaise par exemple, imaginer sur les courbes cotidales situées plus à l'est, les points pour lesquels l'unité de hauteur serait la même ; la ligne qui joindrait tous ces points passera évidemment sur les deux côtes par les points qui ont même unité de hauteur.

Celle qui passe par Calais rencontrera la côte d'Angleterre près Folkestone ; celle qui part de Douvres restera un peu au nord de la précédente et se dirigera vers Gravelines. Celle qui passe par Gris-Nez se dirigera vers Dungeness : quant à celle qui part de Boulogne, elle ne rejoint pas l'Angleterre, où la marée n'atteint pas la même hauteur ;

après s'être éloignée de la côte, elle doit s'infléchir en tournant sa concavité vers Cayeux, qui est dans cette région un maximum.

En résumé, en ayant particulièrement égard à la zone où ont été exécutés nos sondages et qui s'étend de Calais vers Folkestone, on voit que cet espace est parcouru par une onde marée dont la hauteur étant sensiblement la même à Calais et à Folkestone, peut être considérée comme constante dans l'intervalle. Cette onde, aux jours de syzygies, passe à Folkestone à 11 h. 7 m., pour arriver à Calais à 11 h. 49 m.; si l'on admet que cette distance soit parcourue proportionnellement au temps, il suffira de connaître la distance d'un point quelconque à Calais pour savoir le temps qui doit s'écouler entre le moment où les phénomènes de la marée s'y font sentir et celui où ils se reproduisent à Calais.

Si l'on veut, par exemple, avoir la hauteur de l'eau au-dessus du plan de comparaison, à une heure donnée pour un point situé à moitié distance de Calais et Folkestone, il suffira de prendre la hauteur observée à Calais par rapport à ce plan 21 minutes plus tard.

C'est d'après ce principe que les sondes ont été corrigées. Pour celles dont la position s'écartait trop sensiblement de la ligne de Calais à Folkestone, il a été tenu compte de la différence d'amplitude au moyen des observations de marées faites à Douvres (1) lorsqu'elles étaient situées au nord de cette ligne, et au moyen des observations faites à Boulogne pour celles qui sont situées au sud.

M. Beautemps-Beaupré disait, en 1835, qu'en raison des incertitudes de la correction due aux marées, on ne devait pas compter sur ne approximation de plus de deux pieds (0^m,65) en ce qui concernait les profondeurs données par les cartes du détroit. Aujourd'hui que le phénomène de la propagation des marées est mieux connu, on peut sans doute espérer arriver à une exactitude plus grande; néanmoins il est utile de rappeler les réserves exprimées à ce sujet lors des premières reconnaissances par un hydrographe dont les travaux sont encore aujourd'hui des modèles de précision.

---

(1) La différence de hauteur entre Calais et Douvres est d'ailleurs très-faible, comme on peut le voir par les chiffres de la petite carte ci-jointe.

RÉSUMÉ.

La mission qui nous a été confiée a duré environ deux mois.

La première expérience a été faite, le 27 juillet, en présence de M. Lavalley et de MM. Potier et de Lapparent, membres de la Commission géologique. Le résultat de cette journée fut de prouver que ces études pouvaient fournir les renseignements que l'on désirait obtenir sur la nature des terrains; mais les opérations actives ne furent reprises que le 10 août et furent arrêtées le 21 septembre; nous sommes encore resté six jours à Boulogne attendant, sans succès, la possibilité de faire une dernière journée de travail. Cette tentative ayant été plus tard jugée inutile, nous sommes rentré à Paris à la date du 29 septembre.

Pendant la période des opérations actives, du 10 août au 21 septembre, *le Pearl* est sorti 26 fois pour travailler à la mer.

Nous avons fait un peu plus de 1,500 sondages, qui représentent, d'après la base d'évaluation indiquée plus haut, 20 jours effectifs de travail, et nous avons recueilli 750 échantillons environ.

Nous avons employé d'ailleurs le temps qui restait libre, dans l'intervalle des opérations, à rédiger immédiatement nos travaux. Au point de vue hydrographique, ces travaux ont donné lieu à la production de deux documents :

1° Un plan à l'échelle de $\frac{1}{20.000}$ de la région située devant Blanc-Nez, destiné à permettre une étude détaillée des mouvements de terrain, qui se dessinent autour des roches des Quenocs et du Riden-Rouge;

2° Une carte qui donne tout le détroit avec l'ensemble des sondes relevées entre la côte française et les eaux anglaises. Cette carte a été dressée à l'échelle de 23 millim. 35 par minute de longitude, soit 37 millimètres par minute de latitude moyenne, ce qui correspond à l'échelle moyenne de $\frac{1}{50.000}$.

La topographie, les détails de la côte, les sondes en dehors de la région explorée par nous, ont été empruntés aux cartes du Dépôt de la Marine.

Nous remettons en même temps :

1° Deux cahiers sur lesquels sont portées toutes les observations recueillies à bord : les angles qui ont servi à déterminer la position des sondes, les profondeurs et les indications sur la nature des terrains, notées à l'arrivée du plomb ;

2° Les observations de marée et les courbes construites d'après ces observations ;

3° Le journal des opérations résumant chaque jour l'emploi du temps.

Ainsi que le montre l'examen de la carte générale, les résultats de notre travail s'accordent très-bien avec les profondeurs relevées antérieurement par les ingénieurs hydrographes de la marine ; seulement, le nombre plus considérable des sondes permet de mieux suivre les mouvements du sol, mouvements que l'on peut résumer ainsi :

A partir des deux côtes, le fond de la mer s'abaisse assez régulièrement jusque vers le milieu du détroit, où l'on trouve une zone dont la profondeur varie de 50 à 60 mètres. La profondeur maxima diminue, d'ailleurs, en remontant de l'ouest à l'est ; on trouve quelques fonds de 60 à 65 mètres entre Blanc-Nez et Folkestone ; sur la ligne du tunnel où nous avons fait des sondes espacées de 200 à 300 mètres, la profondeur n'a pas dépassé 54 mètres, et à quelques kilomètres plus à l'est, d'après les cartes de la marine, le maximum n'atteint pas 50 mètres. Sur la ligne de Blanc-Nez à Folkestone, que nous avons spécialement étudiée, le fond de la mer présente cette particularité que la portion centrale de la dépression est bordée de deux promontoires assez escarpés ; au nord, un plateau de 25 à 30 mètres de profondeur, qui prolonge le banc du Varne, s'avance à très-petite distance des fonds de 55 mètres ; au sud, le relèvement, quoique moins brusque, est encore très-sensible ; sur une distance de 500 mètres, la profondeur diminue de 15 mètres, de 60 à 45 mètres.

De part et d'autre de cette région, vers l'ouest comme vers l'est, ces escarpements s'adoucissent progressivement et deviennent insensibles.

Nous terminerons ce rapport en donnant quelques indications qui nous ont été demandées sur l'organisation que devrait recevoir une nouvelle mission, analogue à celle que nous venons de remplir, dans le cas où elle serait reconnue nécessaire.

En premier lieu, on doit choisir la belle saison, qui est très-courte dans cette partie du détroit. D'après les renseignements recueillis sur les lieux et nos propres observations, la période qui comprend les mois de juillet, août, et la première partie de septembre, est incontestablement l'époque la plus favorable ; le mois de mai a quelquefois de belles journées, mais elles sont suivies de vents d'ouest et de sud-ouest assez frais qui soufflent également pendant la plus grande partie de juin.

En second lieu, il faut pouvoir utiliser la plus grande partie des beaux jours qui se présentent ; il est donc indispensable de pouvoir se rendre rapidement sur le lieu du travail, et il faut un bateau qui file aisément 8 à 9 nœuds ; *le Pearl* mettait parfois 3 et 4 heures à faire le trajet, ce qui réduisait la journée à quelques heures de travail utile.

En troisième lieu, il serait bon que le bateau eût une installation où l'on pût se réfugier en cas d'orage. Les orages sont fréquents dans le détroit, ils ne durent quelquefois que deux ou trois heures, et sont alors suivis d'un temps très-clair. On doit pouvoir, dans l'intervalle, mettre à l'abri les personnes, les instruments, les cartes, et travailler à la rédaction, sans être forcé de regagner le port.

Il faut encore, comme nous l'avons dit dans le cours de ce rapport, que le bateau soit en état de recevoir un treuil à vapeur, afin de pouvoir rapprocher les sondes les unes des autres, à moins qu'on emploie une double équipe pour relever les lignes. Le pont doit donc présenter un espace libre suffisant pour qu'on puisse établir l'un ou l'autre de ces deux modes de traction. Enfin le bateau doit avoir une passerelle commode sur laquelle on puisse s'installer pour observer, en ayant auprès de soi les cartes, afin de se rendre compte du travail que l'on exécute au fur et à mesure de l'exécution.

La question du port d'attache a aussi son importance.

Il n'est pas possible, même aux bateaux d'un faible tirant d'eau, d'entrer à toute heure de la marée dans les ports français de la Manche. Dans les marées de morte eau on peut, il est vrai, entrer à Calais à basse mer avec un tirant d'eau de deux mètres ; aussi est-il plus avantageux en général, de stationner dans ce port que dans le port de Boulogne, où l'entrée et la sortie ne sont guère possibles que trois heures avant ou après la basse mer ; néanmoins, lorsque la haute mer a lieu le matin, il est avantageux de partir de Boulogne et d'y rentrer le soir, car dans les deux cas on a le courant pour soi, tandis qu'il est défavorable pour sortir de Calais ou pour y revenir. Il faut donc, sur la côte de France, choisir Calais comme port d'attache, tout en se réservant de partir de Boulogne dans certaines circonstances.

Mais pour tous les travaux à exécuter en dehors du voisinage de la côte française, le séjour à Douvres serait bien préférable. Pendant la saison favorable aux travaux hydrographiques, un bateau peut toujours mouiller sans crainte à l'abri de la jetée de l'Amirauté ; il est donc prêt à partir tous les matins et à toute heure du jour où l'on croit pouvoir travailler, quelle que soit la hauteur de la marée. Seulement cette condition de mouiller à l'abri de la jetée, toutes les fois que le temps n'est pas mauvais, est indispensable ; autrement les ports intérieurs de Douvres et de Folkestone ne présenteraient guère plus de facilités que les ports français.

Nous résumons ainsi ces dernières indications :

De nouvelles études qui auraient l'importance de celles que nous venons d'exécuter devraient être entreprises à la fin de juin avec un bateau ayant 8 à 9 nœuds de vitesse, un tirant d'eau maximum de 2 mètres; le bâtiment devrait être susceptible de recevoir un treuil à vapeur, avoir une passerelle commode et une cabine où l'on pût se retirer et travailler pendant quelques heures;

Il devrait être muni d'une bonne embarcation capable de porter quatre à cinq personnes au minimum, pour pouvoir communiquer avec la terre, tout en étant mouillé au large, lorsque cela serait nécessaire;

Le bâtiment devrait avoir Calais comme port d'attache sur la côte de France; Douvres, sur la côte d'Angleterre, tout en ayant la liberté de gagner Boulogne ou Folkestone quand il y aurait avantage.

Nous ne croyons pas devoir insister sur la nationalité du bâtiment à affréter. Nous ferons seulement remarquer qu'un bâtiment français présente incontestablement des facilités particulières pour le travail et les relations. Cependant, dans le cas où les études à faire concerneraient presque exclusivement les eaux anglaises, un bâtiment de cette nationalité présenterait quelques avantages pour stationner à Douvres ou à Folkestone. Il serait sans doute inutile, dans ce cas, de se prémunir d'une autorisation pour pouvoir travailler sur la côte d'Angleterre; en revanche, une autorisation du Gouvernement français deviendrait nécessaire si l'on devait revenir faire de nouvelles études dans les eaux françaises avec un bâtiment anglais.

Paris, 30 septembre 1875.

E. LAROUSSE.

IMPRIMERIE CENTRALE DES CHEMINS DE FER.— A. CHAIX ET Cⁱᵉ, RUE BERGÈRE, 20, A PARIS. — 18335-5.

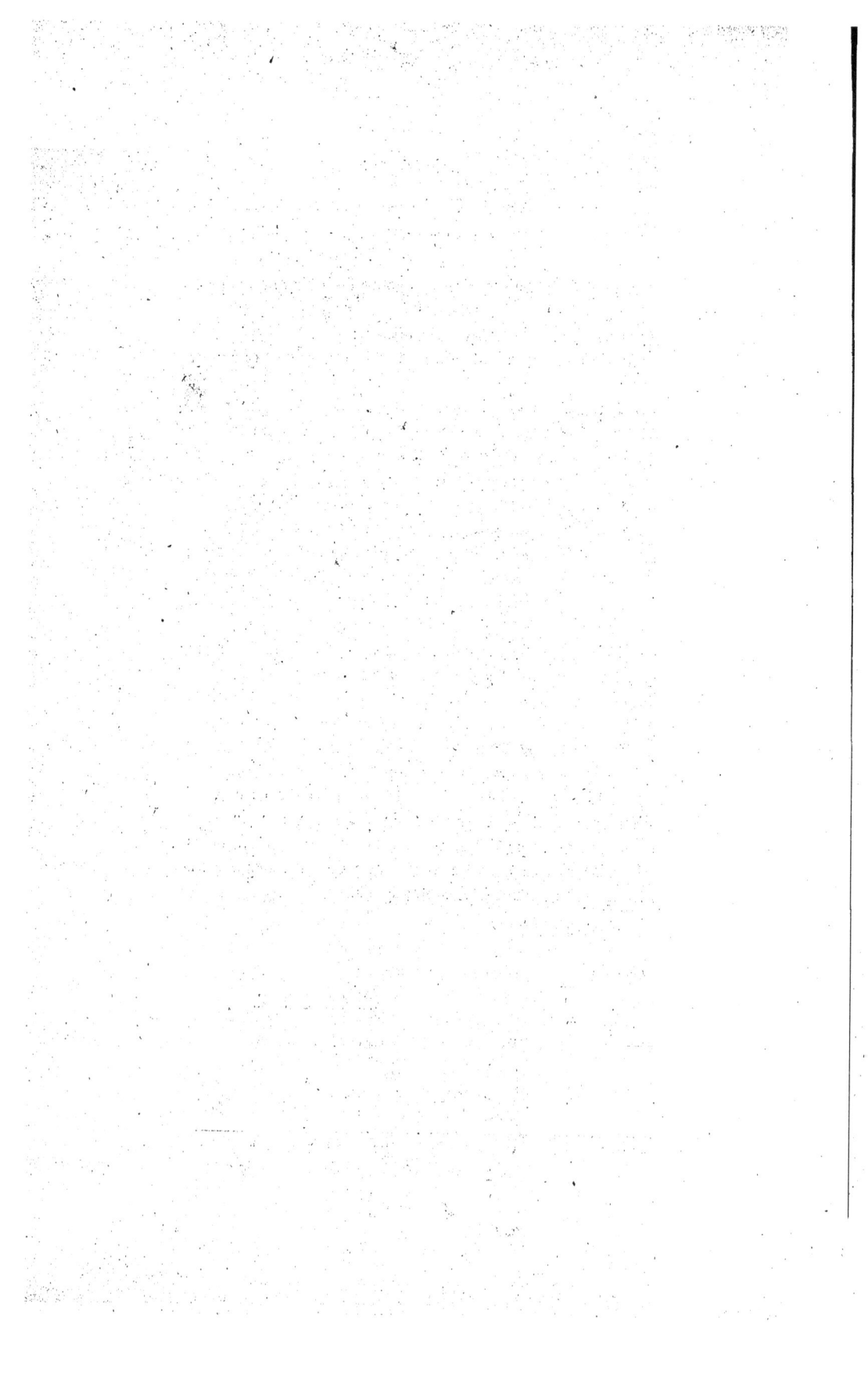

RAPPORT

SUR

L'EXPLORATION GÉOLOGIQUE SOUS-MARINE

DU PAS DE CALAIS

(CAMPAGNE DE 1875)

PAR

MM. POTIER ET DE LAPPARENT

INGÉNIEURS DES MINES

OBJET DU TRAVAIL

L'étude dont nous avons été chargés avait pour but de renseigner les ingénieurs sur les difficultés qu'ils pourraient rencontrer dans le percement du tunnel sous-marin et de les éclairer sur la nature du terrain dans lequel ils auraient à opérer, suivant le tracé adopté. L'idée de creuser cette galerie gigantesque dans les terrains paléozoïques ou dans les terrains jurassiques ayant été abandonnée, nous avions à étudier en détail le terrain crétacé seulement.

Ce terrain, dans sa partie supérieure, est constitué par une craie blanche, traversée de fissures et de délits nombreux qui laissent circuler les eaux avec une très-grande facilité; ces couches supérieures ont reçu, à cause de cela, des mineurs du Nord, le nom de *niveaux*. Ces eaux ne sont que très-imparfaitement retenues par les lits argileux de la partie moyenne de la craie, celle-ci étant fréquemment traversée de failles qui produisent des dénivellations de 2 à 3 mètres ; les lits argileux peu épais sont discontin s et n'arrêtent pas complétement les eaux qui descendent jusque sur les marnes bleues (*dièves* des mineurs). Celles-ci, qui sont épaisses et compactes, les retiennent tout à fait.

On peut voir, sur la falaise française, près du Cren d'Escalles, sur la falaise anglaise, au point nommé Lydden Spout, et sur la plage près de Shakespeare's Cliff, des lignes de sources qui témoignent de la parfaite imperméabilité de ces marnes.

Au-dessous des marnes bleues, on ne rencontre plus de nappe aquifère que dans les *sables verts* inférieurs au *gault*. Les assises confondues sous le nom vulgaire de *craie* (chalk) présentent donc, au point de vue de la perméabilité et de la solidité, des différences assez notables pour que les ingénieurs aient intérêt à savoir quelles assises ils auront à traverser, et s'ils ne sont point exposés à passer brusquement d'une assise dans une autre. Cette dernière question, la plus importante au point de vue de la sécurité, est en même temps la plus facile à résoudre, puisqu'il suffit de s'assurer de la continuité de l'une quelconque de ces assises parfaitement concordantes, pour être certain de la continuité des autres dans toute la traversée du détroit.

Nomenclature des assises crétacées. Le tableau suivant, qui résume les caractères principaux de ces diverses assises, donne leur ordre de superposition et les numéros par lesquels elles sont désignées dans la suite de ce Rapport (1).

---

(1) Pour plus de détails voir les notes à la fin du Rapport.

	NOMENCLATURE ANGLAISE	CARTE GÉOLOGIQUE DE FRANCE	CARACTÈRE MINÉRALOGIQUE	FOSSILES PRINCIPAUX servant de base à la classification DE M. HÉBERT
I	Chalk with few organic remains.	Craie blanche noduleuse.		Micraster coranguinum.
II	Bed of organic remains with numerous flints.	Sénonien (d'Orb.)	Craie blanche dure.	Micraster cortestudinarium. Micraster breviporus.
III	Chalk with few flints.		Craie blanche tendre.	Terebratulina gracilis. Inoceramus Brongniarti.
IV	Chalk without flints. Numerous and thin beds of organic remains.	Craie marneuse Turonien (d'Orbigny).	Craie conglomérée, souvent jaunâtre.	Inoceramus labiatus. Rhynchonella Cuvieri. Echinoconus subrotundus.
V	Chalk without flints and few organic remains.		Craie blanche tendre. Lits durs à la base.	Belemnites plenus.
VI			Marnes bleues.	Holaster subglobosus.
VII	Grey Chalk. Chalk Marl.	Craie de Rouen. Cénomanien (d'Orbigny).	Craie grise et sableuse, Lits alternativement tendres et durs.	Ammonites varians.
VIII	Chloritic Marl and upper Green Sand.		Craie glauconieuse.	Terebratula biplicata.
IX	Gault.	Gault. Albien (d'Orb.)	Gault.	Nombreuses Ammonites Hamites, etc.
X	Lower Green Sand.	Sables verts et argiles glauconieuses Aptien (d'Orb.)	Sable pyriteux. Grès vert calcarifère et Argile glauconieuse.	Ammonites mammillaris Grandes huîtres.
XI			Sable jaune micacé, ferrugineux.	
XII	Weald Clay.		Sables blancs, Argiles bariolées, Minerai de fer.	

ÉTUDE DU FOND DU DÉTROIT.

On s'était proposé d'abord de rechercher seulement l'affleurement de la *craie glauconieuse* (Chloritic Marl, ou upper Green Sand des Anglais), roche qui est, au point de vue minéralogique, la mieux caractérisée et la plus facile à reconnaître.

Affleurement de la craie glauconieuse.

L'épaisseur de cette assise est très-faible; son affleurement ne doit former au fond du détroit qu'une bande de peu de largeur; aussi, même sans tenir compte des graviers et dépôts superficiels qui peuvent masquer cet affleurement, ne pouvait-on espérer que la sonde rapporterait souvent de la craie glauconieuse; mais si l'on observe que, vu le plongement des couches, l'affleurement de la craie glauconieuse doit toujours être compris entre celui du gault (assise IX) et celui de la craie grise (assise VII), tous deux assez facilement reconnaissables, on comprendra que, sur chaque ligne de sondes où l'on a rencontré l'une de ces deux roches, on connaît une limite en deçà ou au delà de laquelle l'affleurement cherché doit se trouver. En multipliant les coups de sonde, si l'on n'est pas trop gêné par les alluvions, on peut resserrer les limites entre lesquelles doit se trouver cet affleurement.

Les assises plus éloignées de la craie glauconieuse, soit en dessous, soit en dessus, fournissent également des indications à ce sujet, mais plus vagues; les signes placés sur la carte qui accompagne ce rapport permettent de juger de l'approximation obtenue à cet égard.

Eaux françaises. Environs des Quenocs. Nous appellerons spécialement l'attention sur la région voisine de la rive française, en face du Blanc-Nez. On savait (et dans la première réunion de la commission on avait insisté sur ce point), qu'en France, les couches crétacées plongent vers l'est un peu sud, tandis que, sur la côte anglaise, leur inclinaison est dirigée vers le nord un peu est. Il a donc paru nécessaire de déterminer d'abord en quel point et de quelle manière avait lieu ce changement d'allure. Les premières journées de sondages ont montré qu'à quelques kilomètres de la côte française, l'affleurement de la craie glauconieuse courait vers l'ouest un peu nord, comme en Angleterre, au lieu de courir nord un peu est, comme on le voit sur la plage près du Cren d'Escalles; l'affleurement devait contourner le bas-fond rocheux qui porte le nom des Quenocs et du Rouge-Ridden. La sonde ne rapportant rien sur ces roches, on eut recours au scaphandre. L'ouvrier remonta des Quenocs un gros bloc faisant partie, dit-il, d'un affleurement aligné de blocs semblables, et dans lequel on reconnut le grès vert inférieur, calcarifère, tel qu'il se présente sur la plage à basse mer entre Wissant et Saint-Pol; l'exploration du Rouge-Ridden conduisit au même résultat.

Les abords de ce promontoire furent étudiés alors en détail par une série de sondages distants en moyenne de 100 mètres ; les résultats de cette opération sont rapportés sur une carte spéciale au 20000me. Grâce à la faible épaisseur des alluvions dans cette région, on a pu rapporter un assez grand nombre d'échantillons, appartenant surtout aux assises IX, VIII, VII, et VI, c'est-à-dire au gault et aux assises inférieures de la craie. Les affleurements viennent tous contourner les roches de grès vert, en se succédant dans leur ordre régulier, dans quelque direction qu'on s'éloigne des roches. Deux petites coupes, l'une du N.-O. au S.-E., l'autre du N.-E. au S.-O., feront comprendre la disposition des diverses couches.

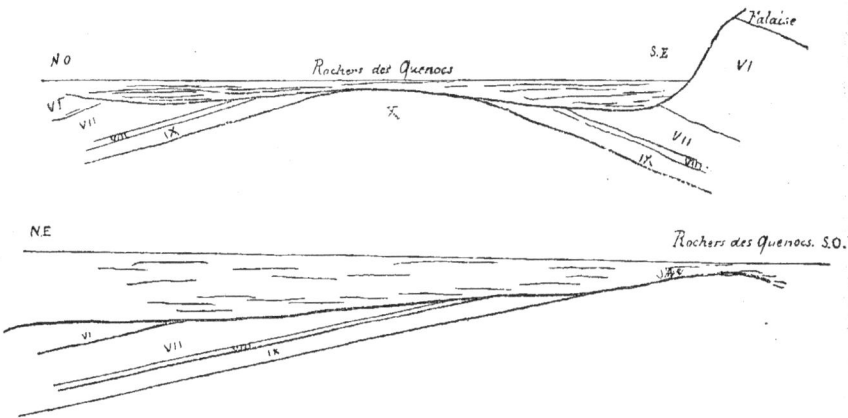

Les assises crétacées, à partir du gault, ont été seulement bombées, sans que la force qui les a soulevées fût assez énergique pour les rompre et les disloquer en ce point ; une dislocation se trahirait par l'absence de continuité dans les affleurements, ou parce qu'on passerait brusquement d'une assise à une autre, qui, dans l'ordre normal de succession, ne serait pas sa voisine immédiate. Comme le gault (IX) a 10 mètres environ d'épaisseur et la craie glauconieuse (VIII) de 2 à 3 mètres seulement, on n'aurait certainement pas retrouvé ces couches tout autour du massif du grès vert, s'il y avait une dislocation de quelque importance sur ses bords.

Ce point éclairci, on a fait jusqu'aux eaux anglaises des lignes de sondages parallèles aux côtes et espacées de 500 mètres environ, sauf quelques lacunes que le temps n'a pas permis de remplir. La

Le milieu du détroit.

carte montre que partout où il a pu être déterminé, l'affleurement de la craie glauconieuse est parfaitement régulier, presque rectiligne, et que les diverses parties reconnues sont dans le prolongement les unes des autres (en exceptant les eaux anglaises, sur lesquelles nous aurons à revenir).

Affleurement de la craie conglomérée. Les échantillons obtenus ont également permis de tracer, d'une manière très-approximative, la ligne qui sépare les affleurements des couches V et IV ; la dureté, la couleur de cette dernière assise (craie conglomérée) lui donnent un caractère minéralogique assez tranché. On a pu distinguer les échantillons provenant de cette couche de ceux qui provenaient des assises V, VI et VII, et délimiter ainsi le groupe de la craie de Rouen, aussi bien à la partie supérieure qu'à la partie inférieure.

Détermination du plongement des couches. La connaissance de cette ligne nouvelle est au moins aussi importante que celle de l'affleurement de la craie glauconieuse ; d'une part, elle donne des renseignements sur une partie du détroit plus voisine du tunnel projeté, et de l'autre, elle détermine le plongement des couches ; on sait très-approximativement et les travaux ultérieurs feront connaître avec précision l'épaisseur de l'ensemble des couches V, VI et VII, ensemble nettement délimité sur les deux falaises.

Si la craie glauconieuse affleure en A et que la ligne qui limite l'affleurement de la craie conglomérée passe en B, en prenant sur la verticale du point B une épaisseur de 60 mètres, on saura qu'au point C doit passer la craie glauconieuse

La ligne AC représentera donc l'allure souterraine de la craie glauconieuse, et l'on connaîtra l'inclinaison des couches crétacées entre les points A et B. Cette inclinaison est d'autant plus faible que l'espace AB, occupé par les affleurements des couches V, VI et VII, est plus grand.

En jetant un coup d'œil sur la carte, on voit que cette nouvelle

ligne subit autour des Quenocs la même inflexion que la première ;
ces deux lignes, distantes de 750 mètres près de la côte française, vont
en s'écartant l'une de l'autre lorsqu'on s'approche des eaux anglaises ; leur distance, à l'extrémité ouest de la région explorée, est de
3,000 mètres ; le plongement des couches ne subit pas de changement
près des Quenocs et diminue progressivement vers l'ouest.

Si les couches continuaient à plonger de même vers le nord un **Conclusions à tirer de ce plongement.**
peu est, dans tout l'espace qui s'étend entre la région explorée et le
tunnel projeté, un calcul très-simple ferait connaître en chaque point
la profondeur à laquelle se trouve la craie glauconieuse et, par suite,
quelle couche on trouvera à un niveau déterminé, ce qui serait la
solution complète du problème qu'on avait à résoudre.

Mais nous avons des raisons de penser qu'en opérant ainsi, on **Incertitude probable de ces conclusions.**
obtiendrait des profondeurs un peu plus grandes qu'elles ne le sont
réellement. L'analogie est complète, en effet, entre l'allure des couches
autour des Quenocs et leur allure telle qu'elle a pu être étudiée à
terre auprès de Caffiers. Si l'on supposait nivelée la surface du sol
au nord et à l'est de ce dernier point, on verrait les deux lignes
d'affleurement de la craie glauconieuse et de la craie noduleuse s'ap-
procher l'une de l'autre en venant de l'est vers Caffiers, se rapprocher encore à partir de ce point en s'infléchissant pour se diriger
vers le nord, et retourner ensuite vers l'ouest, en s'écartant de plus
en plus ; c'est exactement l'allure de ces mêmes lignes auprès des
Quenocs. D'un autre côté, les sondages exécutés autrefois à Calais, à
Hames-Boucre et à Guines, montrent aussi qu'à mesure qu'on se dirige
vers le nord, l'inclinaison des couches va en diminuant.

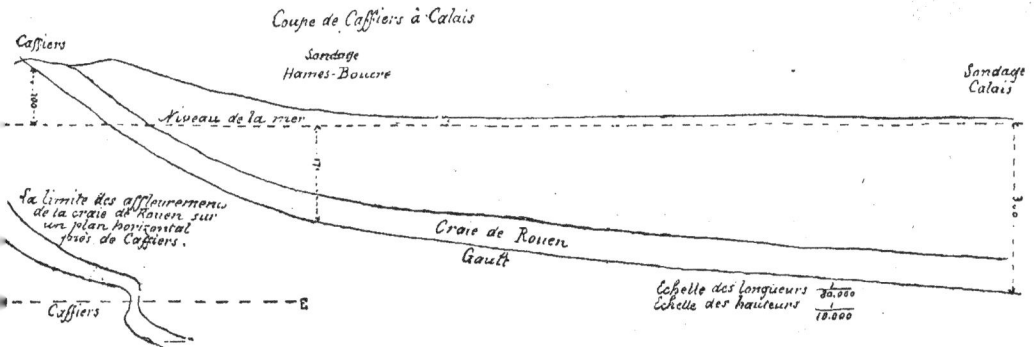

Coupe de Caffiers à Calais

L'analogie nous conduit à présumer qu'il en sera ainsi au nord de la région étudiée. Les choses se passent comme si une force avait soulevé les terrains suivant une ligne dirigée de l'est un peu sud à l'ouest un peu nord, sensiblement parallèle aux grandes lignes de failles du Boulonnais, et faisant avec le méridien un angle un peu plus grand que la direction moyenne de la région explorée, l'action de cette force se faisant sentir de moins en moins à mesure qu'on s'éloigne vers le nord.

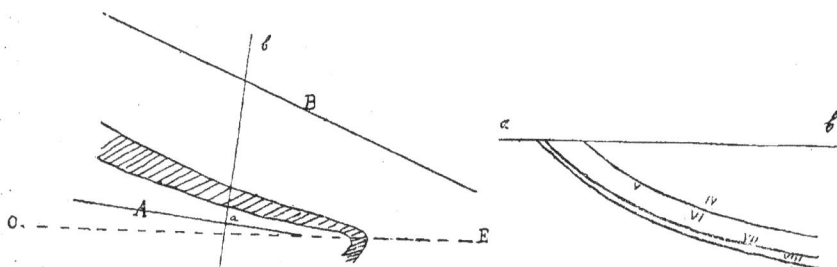

A ligne de soulèvement. B axe du tunnel projeté . a b ligne de coupe .
L'espace ombré représente l'affleurement de la craie de Rouen . (Groupes V. VI. et VII)

Utilité de recherches plus étendues. Il serait donc désirable d'étendre encore vers le nord des recherches du même genre et de connaître directement l'inclinaison des couches dans une région plus voisine du tunnel.

Une ligne de sondes a été faite le long même de l'axe du tunnel projeté, et une autre vers le tiers de la largeur du détroit, depuis l'affleurement du grès vert jusqu'à cet axe et même un peu au delà. Les résultats obtenus nous permettent d'espérer qu'on pourra tracer la ligne qui sépare l'affleurement de l'assise III de l'affleurement de l'assise II. Cette ligne doit couper l'axe du tunnel en deux points au moins; si ces recherches étaient couronnées de succès, on connaîtrait d'une manière certaine, et non plus hypothétique, la structure géologique du détroit là où doit passer le tunnel.

Eaux anglaises. Dans tout ce qui précède on a réservé l'espace qui sépare la dernière ligne à l'ouest de la côte anglaise. Sa largeur est de 6 kilomètres environ : la ligne d'affleurement de la craie glauconieuse résultant des sondages ne paraît pas se continuer jusque sur la côte; et en prolongeant la ligne d'affleurement visible sur la plage entre les Martello Towers et Shakespeare's Cliff, on irait passer bien au nord de la ligne que nous avons tracée dans le détroit.

M. Brunel, qui a fait aussi, il y a quelques années, des sondages dans ces régions, a bien voulu nous montrer à Londres les échantillons qu'il avait recueillis. Il y a concordance très-satisfaisante dans la région commune aux deux explorations, et dans les eaux anglaises, les sondages semblent indiquer un accident rejetant au nord l'affleurement de la craie glauconieuse. Cet accident peut être une faille, il peut être un pli analogue à celui des Quenocs ; une étude détaillée peut seule nous édifier sur ce point.

La régularité constatée dans l'allure des lignes d'affleurement ci-dessus décrites prouve qu'aucune faille produisant une dénivellation notable ne traverse la région explorée. **Points acquis jusqu'ici.**

Les failles qu'on devait le plus redouter sont celles qui auraient été dirigées vers le N.-N.-E. ; ces failles pouvaient exister dans le détroit sans que les études faites à terre fissent soupçonner leur existence, puisque leur cours aurait été tout entier sous-marin. Si des failles de cette direction devaient rencontrer le tunnel dans la partie comprise entre les eaux anglaises et la France, on les eût reconnues dans la région déjà explorée.

D'autre part, ni la falaise anglaise depuis Abbott's Cliff jusqu'à St-Margaret's Bay, ni la côte française de Wissant à l'extrémité du Blanc-Nez, ne laissent voir de failles dont le rejet atteigne 5 mètres. Ainsi, sauf la petite *ouverture* des eaux anglaises, le tunnel se trouve garanti de tous côtés.

Cette conclusion sera d'autant plus certaine que l'exploration aura été faite avec plus de soins ; et elle nous paraît avoir une telle importance que, malgré le peu d'étendue des lacunes subsistant dans les affleurements reconnus, nous pensons qu'on ne saurait trop s'efforcer de les combler. On doit observer, en effet, que dans des terrains inclinés, comme le sont les couches de la craie, une dénivellation brusque de 10 mètres correspond à un *décrochement* de la ligne d'affleurement de : **Nécessité de revenir sur la région explorée.**

100^m de la pente est de 10 0/0
133^m —   —   7.5 0/0
200^m —   —   5   0/0

soit à l'échelle de la grande carte, 2^{mm}, 2^{mm}.6 et 4^{mm}, ou à l'échelle de la petite, 5^{mm}, 6^{mm}.5, 10^{mm}.

Sur la petite carte des eaux françaises, qui représente la région où la pente est la plus forte et atteint 10 0/0, les sondages sont assez rapprochés pour qu'on puisse être certain des contours à 0^m,005 environ. Sur la carte d'ensemble, cette approximation n'a pas été atteinte partout pour l'une ou l'autre des lignes d'affleurement. Il y aura donc lieu de faire, dans les régions où les contours sont moins certains, des lignes de sondages supplémentaires, afin de tirer du procédé suivi toute l'approximation qu'il comporte.

Si ces réserves atténuent la portée des résultats de la campagne d'explorations de 1875, on ne doit pas perdre de vue qu'il s'agissait surtout de savoir, au début de cette campagne, *si des sondages en mer pouvaient apprendre quelque chose sur la constitution géologique du détroit*. Nous croyons avoir démontré que cette étude peut fournir d'utiles indications.

Utilité d'un nouveau sondage à Sangatte. En supposant que ces sondages complémentaires fussent exécutés, la structure géologique du détroit serait aussi bien définie que possible, si le sondage entrepris sous la direction de sir John Hawkshaw, près de la ferme Mouron, entre Sangatte et Calais, avait donné tous les renseignements qu'on pouvait espérer en tirer.

Mais, d'une part, ce sondage a été arrêté par suite d'un accident, avant d'avoir atteint la craie glauconieuse, seul repère sur la précision duquel on puisse absolument compter en l'absence de tout échantillon conservé, et les classifications adoptées pour ce forage et celui de Saint-Margaret ne sont pas d'accord entre elles; d'autre part, aucune expérience n'a été faite en vue de déterminer l'affluence des eaux à divers niveaux, élément utile à connaître même au seul point de vue de l'exécution du puits définitif; enfin on ne possède jusqu'ici aucune indication précise relativement à l'épaisseur du massif sur l'imperméabilité duquel il est permis de compter; on ignore donc de quelle marge on dispose pour pouvoir plier le tracé aux conditions diverses qui lui sont imposées, sans sortir des limites qu'il est imprudent de franchir.

En cet état de choses, nous estimons qu'il serait très-utile de faire un nouveau sondage qui devra attaquer la craie avec un diamètre de 0ᵐ,30 au moins.

Le village de Sangatte nous paraît devoir être choisi pour l'emplacement de ce sondage, pour les motifs suivants :

Dans toute la région comprise entre le Blanc-Nez et Sangatte, les couches plongent fortement à l'est ; s'écarter de la côte pour se placer à l'intérieur des terres serait augmenter la dépense et perdre du temps. Sangatte est assez près de la ferme Mouron pour que l'épaisseur et la nature des couches ne diffèrent pas sensiblement en ces deux points ; le sondage proposé permettra donc de connaître le sens précis qu'il convient d'attribuer aux désignations consignées dans les registres du premier forage et donnera à ces renseignements une valeur et une signification qu'ils n'ont pas actuellement. On est certain, de plus, de rencontrer dans ce nouveau sondage les couches aquifères que l'on peut redouter à une profondeur déjà assez notable au-dessous du niveau de la mer, de sorte qu'elles se présenteront dans des conditions analogues à celles dans lesquelles le tunnel pourrait les rencontrer.

On perdrait ces avantages si on voulait se placer encore plus au sud. Au point de vue de l'épaisseur et de la nature des couches, on devrait craindre d'ailleurs de ne pas apprendre par le sondage plus que par l'examen des falaises, et ces inconvénients ne seraient compensés par aucune économie, le sol se relevant au sud de Sangatte plus rapidement même que les assises du terrain crétacé.

On est ainsi conduit à placer le sondage près de la côte, au pied de l'escarpement qui limite le cap Blanc-Nez, et cependant le plus au sud possible de manière à diminuer l'épaisseur des terrains à traverser, et à accroître la surface sous laquelle l'allure de la craie sera reconnue. Le village de Sangatte et ses environs immédiats satisfont seuls à ces conditions.

Quant à la profondeur à laquelle il conviendra de pousser ce sondage, nous avons déjà fait observer plus haut qu'il était indispensable de traverser tout le groupe imperméable qui est au-dessous de la craie proprement dite. Conviendra-t-il, une fois le grès vert atteint, de s'arrêter dans cette couche probablement aquifère ? Nous pensons qu'il peut y avoir avantage à pousser plus loin et à atteindre le terrain ancien sur lequel repose probablement le grès vert inférieur. On a proposé, en effet, de se servir du terrain ancien comme de couche absorbante et d'y envoyer l'eau du tunnel, au lieu de la remonter artificiellement à la surface. Nous ne croyons pas à la possibilité de réaliser cette absorption ; si ces terrains n'ont pas donné d'eaux ascendantes en Angleterre, ils en ont donné dans les environs de Lille. Il suffit d'ailleurs que le niveau statique de la nappe contenue dans ces terrains soit peu différent de celui de la mer pour qu'on n'y trouve pas d'eaux utilisables, et qu'on soit cependant gêné par celles-ci dans les travaux du tunnel ; enfin, le faible débit que cette nappe a donné en Angleterre tendrait à prouver que le terrain ancien y est peu perméable ; par suite, il ne serait que faiblement absorbant.

Cependant ces motifs purement théoriques ne nous paraissent pas assez convaincants pour que l'on refuse à apprécier, moyennant une faible dépense, la valeur des vues auxquelles nous venons de faire allusion.

Note I.

Les falaises anglaise et française ont été décrites avec une parfaite exactitude par Phillips dans les *Geological Transactions,* vol. V ; il a constaté l'identité absolue des deux falaises au point de vue de la nature des couches qui les constituent, et de l'ordre dans lequel elles sont superposées ; par là il a démontré scientifiquement la continuité originaire du terrain crétacé dans la région occupée aujourd'hui par le Pas de Calais. Bien que les noms choisis par Phillips pour désigner les différentes assises de la craie paraissent aujourd'hui un peu surannés, comme les progrès réalisés depuis son travail se rapportent surtout à la connaissance des êtres organisés fossiles dont les restes caractérisent ces assises, et non à leur nature minéralogique, qui nous importe seule ici, nous reproduisons d'abord sa classification en suivant les assises du haut en bas, sur la falaise, ou de l'est à l'ouest sur la plage, ainsi que les épaisseurs attribuées par lui à chaque groupe.

I. Craie à silex, homogène, blanche, tendre, affleurant à l'est de St-Margaret, s'élevant à mesure qu'on se dirige vers Douvres, de manière à occuper le tiers supérieur de la colline qui porte le château.

II. Craie avec nombreux silex disséminés, quelques lits de silex continus, nombreuses veines verdâtres ondulées ; quelques lits argileux foncés, qui se délitent sous l'influence des actions atmosphériques et produisent des fentes ou crevasses dirigées comme les couches de craie. Cette craie est sableuse ; sous l'influence de l'air, elle devient rude au toucher et se couvre d'aspérités ayant une origine organique.

Épaisseur sur la côte anglaise . . . . 105 mètres.

La base seule de cette craie est visible sur la côte française, au sommet du Grand-Blanc-Nez.

III. Craie avec peu de silex, tendre et blanche (moins pourtant que l'assise n° 1), avec plusieurs lits marneux et se délitant.

Epaisseur. . . . . 39 mètres.

IV. Craie sans silex ; cette assise offre les caractères de l'assise II, sauf les silex ; elle paraît composée de nodules empâtés dans des marnes plus tendres, grises ou verdâtres ; les nodules sont jaunâtres, très-durs.

Cette craie résiste bien mieux que celle qui est au-dessous ; aussi forme-t-elle à Shakespeare's Cliff et au Grand-Blanc-Nez une corniche saillante facilement reconnaissable.

Épaisseur. 27 mètres.

V. Craie massive sans silex, tendre, avec lits marneux, très-chargée de pyrites, sans veines grises, moins blanche que l'assise III.

Épaisseur. 15 mètres.

Dessous vient la craie grise de Phillips (*Grey Chalk*), que nous diviserons en deux assises (1).

VI. Craie très-argileuse, de couleur foncée, gris tirant vers le bleu, assez pyriteuse, compacte ; la partie supérieure est assez dure, mais se polit sous le marteau ; quelques lits jaunâtres.

Épaisseur. 45 mètres.

VII. Craie d'un gris bleuâtre un peu plus clair, toujours argileuse, quelques lits sableux et plus durs.

Épaisseur. 15 mètres.

VIII. Craie gris bleuâtre, contenant de nombreux grains de glauconie, et à la base un lit de glauconie presque pure. Nodules phosphatés.

Épaisseur . . . . 2 à 3 mètres.

---

(1) Ces assises sont réunies par Phillips sous le nom de *Grey Chalk*, et il donne à l'ensemble une épaisseur de 200 pieds ou 60 mètres.

IX. Argile compacte, d'un bleu foncé, presque noir sur la côte française, où son épaisseur n'atteint pas 10 mètres, tandis que, sur la côte anglaise, la partie supérieure est grise, et la partie inférieure est noire comme sur notre rive ; fossiles très-nombreux. Elle atteint 30 mètres.

Cette argile, que Phillips a nommée *Blue Marl*, est connue actuellement sous le nom de *Gault*.

X. Sables verts, chargés de pyrites et contenant des grès calcarifères très-durs ; ils sont aussi beaucoup plus épais sur la côte anglaise que sur la côte française.

Les assises qui se trouvent en dessous ne sont plus aussi concordantes, comme épaisseur au moins, sur les deux rives du détroit ; elles ne présentent d'ailleurs point d'intérêt au point de vue spécial du tunnel ; ce n'est qu'accidentellement que ces assises ont été rencontrées dans les sondages.

Depuis W. Phillips, aucun travail descriptif d'ensemble n'a été fait sur la côte anglaise. M. Hébert a donné, en juin 1874, une coupe des assises supérieures seulement. Aussi, au point de vue de l'épaisseur des différents groupes, nous n'avons d'autres documents que le mémoire dont on vient de donner un abrégé et le sondage de S\ :-Margaret's Bay fait par sir John Hawkshaw. L'orifice de ce sondage est dans une couche supérieure de 40 mètres au lit de silex à teinte rosée qui paraît au niveau de la plage entre les dernières maisons de Douvres et un petit sentier par lequel on peut atteindre le sommet de la falaise ; cette même couche est située à 52 mètres au-dessus des premiers silex qui apparaissent dans la craie (base de la craie nommée *Chalk with few flints*, par Phillips).

Avant d'arriver à la craie glauconieuse, le sondage de S\ :-Margaret devait traverser ces 52 mètres, plus l'épaisseur des groupes IV, V, VI et VII, soit $52 + 27 + 15 + 45 + 15$, ou 154 mètres, avant d'arriver à la craie glauconieuse, si les épaisseurs données par W. Phillips étaient exactes ; or le sondage a traversé 164 mètres.

La distance entre la couche de silex rosés et la craie glauconieuse serait, d'après le forage, 124 mètres, et, d'après Phillips, 114 mètres seulement. D'autre part, des mesures prises au Blanc-Nez donnent 110 mètres pour la distance des silex rosés (qui se trouvent là comme en Angleterre à une faible hauteur au-dessus du premier lit de silex), à la craie glauconieuse. Ces résultats sont suffisamment concordants pour qu'on puisse admettre une épaisseur à peu près égale en France et en Angleterre. Cette égalité paraît se maintenir encore à une certaine distance de la région du tunnel projeté, car, d'après les registres de sondage, l'épaisseur totale des groupes IV, V, VI et VII serait :

à St-Margaret . . . . 102 mètres.
à Friend'sWood, près Maidstone. . 116 —
à Kentish Town . . . . 120 —
Et à Calais . . . . 105 —
Dans le sondage de la ferme Mou-
    ron (entre Sangatte et Calais),
    cette épaisseur est de plus de. . 92 —
(Le forage n'a pas atteint la craie glauconieuse.)

Bien que cette épaisseur totale soit la même des deux côtés du détroit, le groupe (V, VI et VII) est plus épais en Angleterre qu'en France.

Ce tableau représente la succession
des assises crétacées telle qu'on l'observe
sur la falaise française entre Saint-Pol
et Sangatte.

Des échantillons des diverses couches
et de leurs caractères originaux sont dé-
posés dans les bureaux de la Compa-
gnie ainsi que quelques-uns des fossiles
qu'elles contiennent.

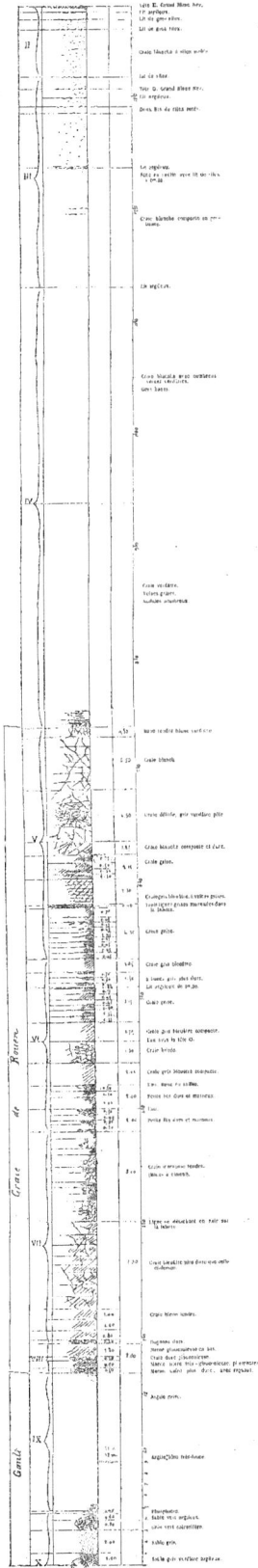

Échelle de 0.05 p. 1m.

COMMISSION GÉOLOGIQUE

La Commission géologique s'est réunie le 9 octobre 1875 et a examiné les cartes et les échantillons produits par MM. Potier et de Lapparent, comme résultats de la campagne d'exploration faite dans l'été de 1875.

Ces résultats sont très-satisfaisants. Sur 1,522 coups de sonde, 335 ont rencontré autre chose que des graviers et ont ramené des échantillons du sol du détroit d'une dimension suffisante pour en permettre l'examen minéralogique. Non-seulement on a pu tracer (sauf quelques lacunes sans importance) l'affleurement de la craie glauconieuse dans toute la région explorée, qui s'étend de la côte française jusqu'aux eaux anglaises, mais on a pu tracer également la ligne séparative des affleurements de la craie de Rouen (Grey Chalk et Chalk without flints and with few organic remains, de Phillips), et de la craie marneuse (craie à Inoceramus labiatus, ou Chalk without flints, with numerous and thin beds of organic remains, de Phillips), et déterminer ainsi le plongement des couches crétacées dans la même région. Le procédé d'exploration suivi, employé déjà par Sir John Hawkshaw, est donc susceptible de fournir, malgré la présence des sables et des graviers, d'importants renseignements sur la structure du sol sous le détroit.

L'examen de ces deux lignes d'affleurement, qui limitent la bande occupée au fond du détroit par la craie de Rouen, fait reconnaître :

1° *Pour le milieu du détroit,* qu'aucune faille produisant un rejet de quelque importance ne traverse la région explorée, et que, par suite, aucune faille ayant la direction N.-N.-E. (c'est la direction des accidents secondaires des Wealds et du Boulonnais) ne viendra compromettre l'exécution du tunnel projeté dans la partie correspondante aux affleurements reconnus.

2° *Pour les eaux françaises,* que le changement de direction, que faisait prévoir l'allure des couches à terre, est dû à un simple pli ou bombement, sans fracture des couches inférieures de la craie (gault et craie de Rouen); que, dans cette région tourmentée, le plongement moyen des couches n'excède pas 10 0/0.

On a reconnu de plus, par une série de sondages faits le long du tunnel, que sur une grande partie de cette ligne, les sables et graviers n'étaient pas assez épais pour empêcher la sonde de rapporter des échantillons caractérisés, et qu'il est permis d'espérer que des sondages entrepris dans l'espace non exploré jusqu'ici au sud du tunnel donneront également des indications utiles sur l'allure des couches dans cette région.

La Commission en conclut que le programme des recherches à exécuter doit comprendre :

1° Une série de sondages rapprochés, destinés à étudier les eaux anglaises avec la même précision que les eaux françaises, afin de décider si le rejet vers le nord, que paraît subir l'affleurement de la craie glauconieuse, est dû à un pli ou à une faille ;

2° Des sondages dans les environs immédiats du tunnel, dans le but de rechercher, s'il est possible, l'affleurement de la base de la craie blanche ou supérieure proprement dite (Chalk with numerous flints, de Phillips);

3° Quelques lignes de sondages reliant ceux du tunnel à la région explorée, afin de recueillir les éléments de coupes parallèles à l'axe du détroit ;

4° Quelques sondages dans les lacunes que présentent les lignes déjà exécutées.

5° La Commission est d'avis, en outre, qu'il y a lieu de faire sur terre, dans les environs immédiats du village de Sangatte, un sondage qui devra être poussé au moins jusqu'à 10 mètres au-dessous du gault.

Ce sondage serait destiné surtout à étudier le régime des eaux (niveau statique et débit) des différentes nappes aquifères que renferme le terrain crétacé ; nappes qui devront être isolées les unes des autres et étudiées séparément.

Accessoirement, ce sondage servira à connaître le sens précis qu'il convient d'attribuer aux désignations consignées dans les registres du sondage exécuté antérieurement entre Sangatte et Calais, par Sir John Hawkshaw.

Lorsque ces travaux seront terminés, le fonçage d'un puits à grande section et le percement d'une galerie d'essai pourront seuls jeter de nouvelles lumières sur la constitution géologique du détroit.

Paris, le 9 octobre 1875.

Signé : DELESSE, A. POTIER.

A. DE LAPPARENT, A. LAVALLEY.

IMPRIMERIE CENTRALE DES CHEMINS DE FER. — A. CHAIX ET Cᵢᵉ, RUE BERGÈRE, 20, A PARIS. — 18249-5

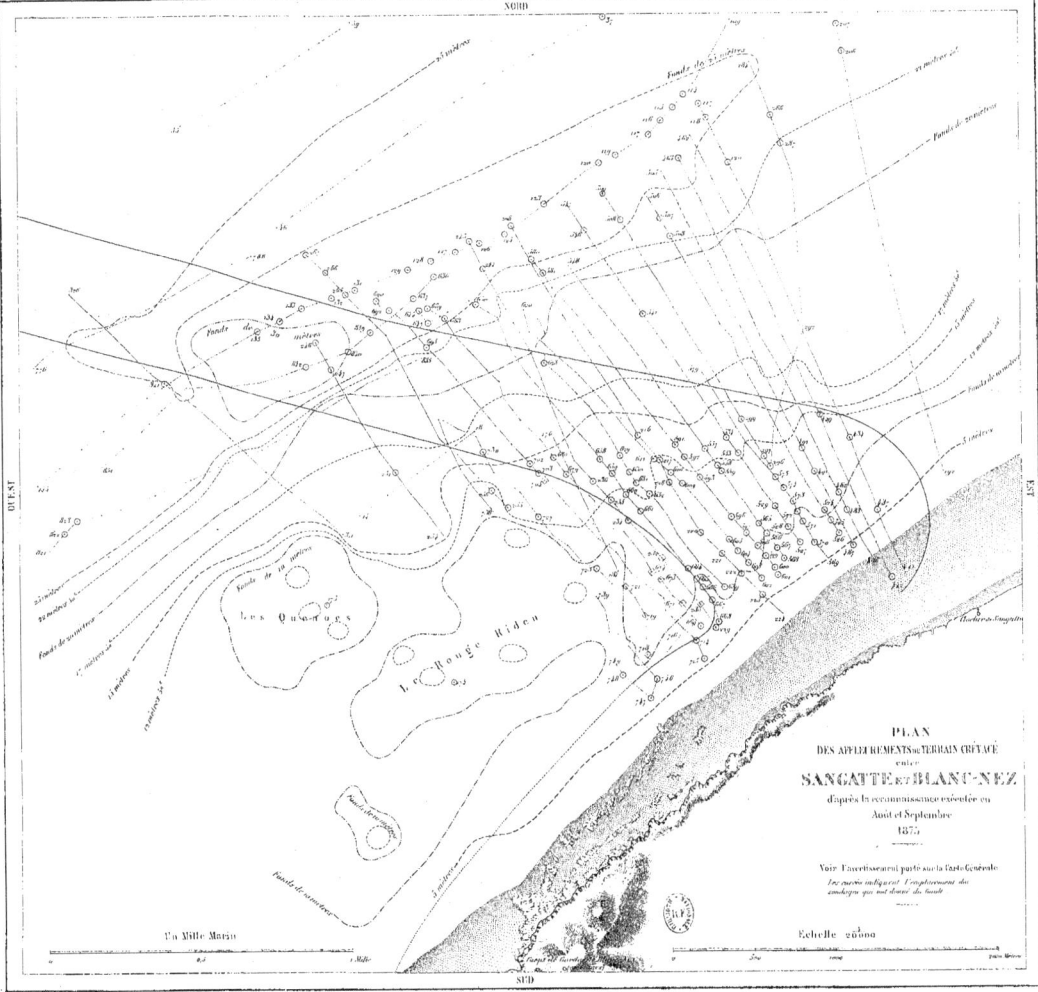

NORD

OUEST

EST

SUD

Fonds de 30 mètres

Fonds de 20 mètres

Fonds de 10 mètres

Les Quenocs

Le Rouge Riden

La Ville Marie

PLAN
DES AFFLEUREMENTS DU TERRAIN CRÉTACÉ
entre
SANGATTE ET BLANC-NEZ
d'après la reconnaissance exécutée en
Août et Septembre
1875

Voir l'Avertissement placé sur la Carte Générale

Les carrés indiquent l'emplacement des
sondages qui ont donné du fonds

Échelle 1/20000

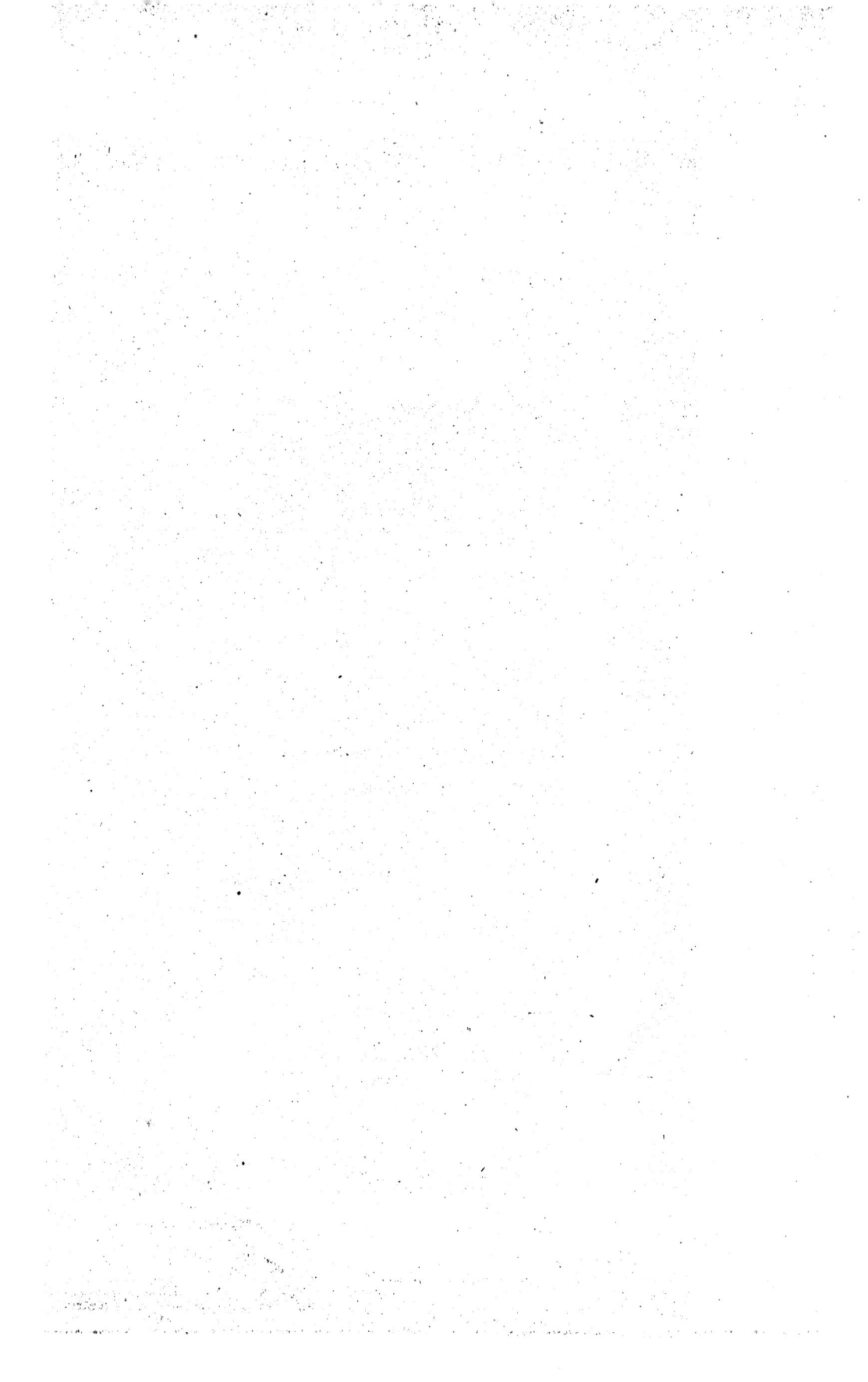

CHEMIN DE FER SOUS-MARIN

ENTRE

LA FRANCE ET L'ANGLETERRE

CARTE GÉOLOGIQUE DES SONDAGES

exécutés dans le PAS DE CALAIS en 1875

Dressée, d'après les travaux hydrographiques de M. **LAROUSSE**,
Ingénieur hydrographe de la Marine,

Par MM. **DELESSE**, Ingénieur en chef des Mines,

POTIER, Ingénieur des Mines,

De **LAPPARENT**, Ingénieur des Mines.

Le Membre délégué du Comité de Direction,
Signé : **A. LAVALLEY**.

PARIS.—IMP. 4. CHAIX ET CIE RUE BERGÈRE. 20. — 18181-5.

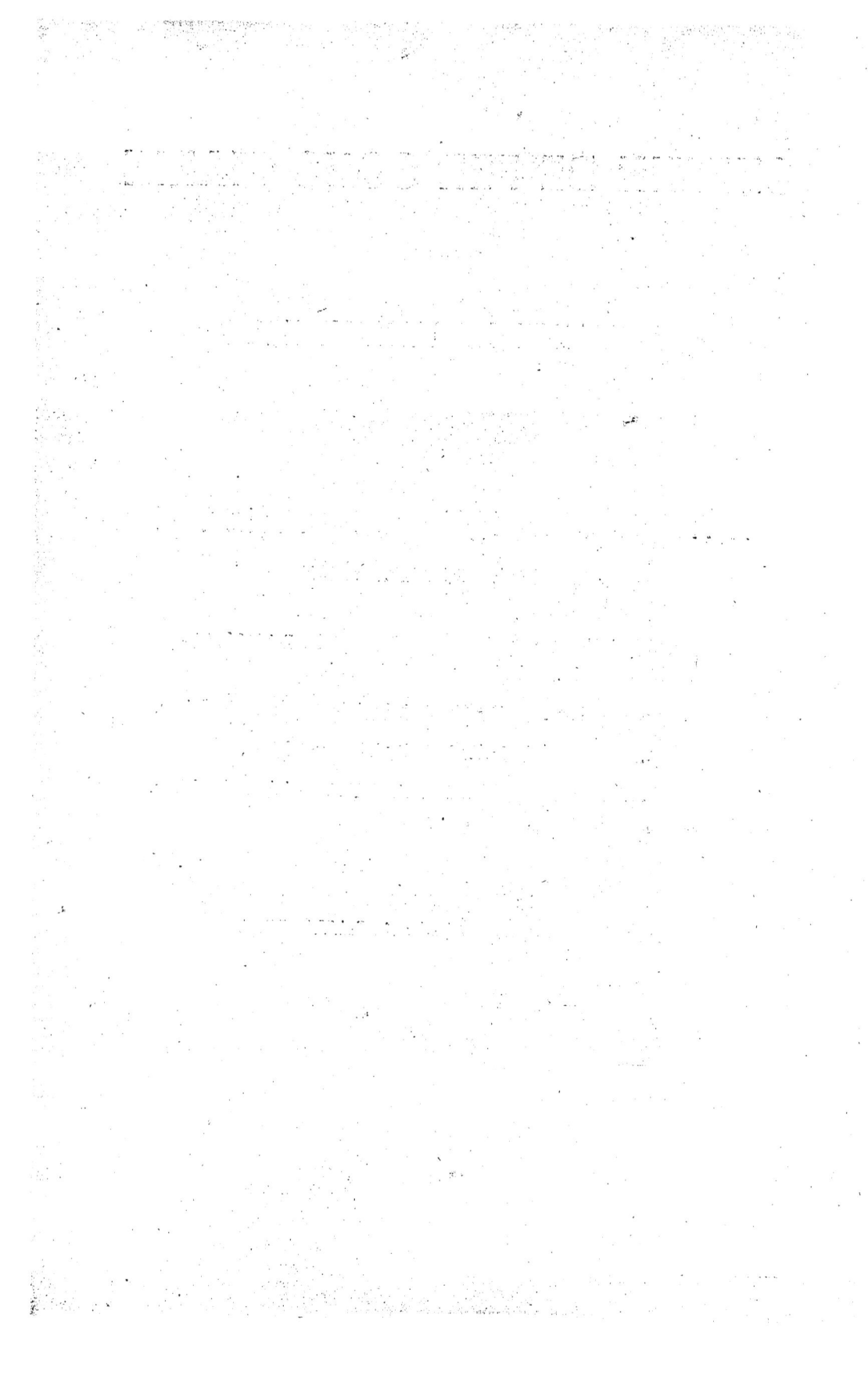

www.ingramcontent.com/pod-product-compliance
Lightning Source LLC
Chambersburg PA
CBHW070913210326
41521CB00010B/2164